明けない夜があっても

日本一生徒数の多い社会科講師のお悩み相談

伊藤賀一
Itou Gaichi

青月社

イラスト　SHOKO TAKAHASHI
編　集　袴田実穂

まえがき

19歳の夏、毎日死にたくて仕方なかった。大きなトラックが向こうから走ってくるたびに、今すぐ車道へ飛び出せば、と魔が差した。手持ちの錠剤をどれだけ飲んだら意識をなくすことができるのか、真夜中に泣きながらGoogleに尋ねた。そのころ通い詰めていた図書館の屋上がひっそりと開放されていることに気づいたとき、今年も志望校に合格できなかったら、ここから飛び降りると決めた。100円ショップの園芸コーナーに売られていたロープを思わず手に取ったこともある。何にふれても色彩の感じられない日々だった。朝が来ませんように、このまま眠りについたらずっと目が覚めませんように。電気を消した部屋の隅で涙を流しながら、毎晩そう願った。

しかし当たり前のように夜は明け、朝日が昇る。自分以外の誰もが、新しい1日の始まりを清々しい顔つきで迎え入れているように見えた。いなくなりたい、生きていたくない、と打ち明けるたびに周りの大人たちは「今はつらいかもしれないけれど、生きていればいつかきっといいことがあるよ」と言った。夜明けが明るい未来と同義であることを疑わずに生きてこられた人間に、私の息苦しさなど理解されるはずがないと思った。私は、「いつか」ではなく「今」救われたかった。このどうしようもない夜を乗り越える方法だけが知りたかった。心配してくれる人はわずかにいたけれど、当時の私は紛れもなく独りだった。

賀一先生と知り合ったのは20歳の冬だった。「スタディサプリ」の元生徒として一方的に賀一先生のXをフォローしていたところ、先生もときどき私の投稿やブログサイトの記事を読んでくださっていることが判明した。あなたはいずれ物書きとして世に出ると思う、と私の文章を褒めてくださったのは、賀一先生が初めてだった。ブログは、ぐちゃぐちゃになった希死念慮から身を守るために始めたものだった。小学生のころから本を読むことや文章を書くことは好きだったけれど、賀一先生の言葉をきっかけに、そうした気持ちがくっきりとした輪郭をもって浮かび上がった。大学3年生になって就職活動が本格化すると、興味の矢印は自然と出版業界へと向いていった。

23歳の夏、運よく求人票を見つけた出版社に編集者として就職することが決まった。同級生はとうの昔に就職活動を終えて、派手な髪色で学生最後の夏休みを謳歌《おうか》しているころだった。内定を言い渡された日、賀一先生へメッセージを送ると「やったー!」と(誰に対しても敬語でお話しする)先生らしくないお返事が届いて少し笑った。独りではない、と思った。

私はきっと、今日も生きるし明日も生きる。賀一先生の書いた原稿をまだ読めていないから(お待ちしております)、意地でも締切日までは生きる。意地でも、なんて19歳の私には信じられない感情かもしれない。かつて言われた「いつかきっといいことがある」の世界まで逃げきったことを実感する。それでも私は、今どこかで悩み、苦しんでいる誰かには「いつかきっと」なんて言わない。せっかく夢を叶えて編集者になれたのだから、「今」この瞬間を乗り越える方法を、本を通して一緒に考えたい。誰かの孤独に寄り添う本をつくりたい。いつしか抱いていた目標は、苦しいときも楽しいときも、ずっと私を見ていてくれた賀一先生となら実現できる気がした。

眠れない夜を過ごす誰かが、独りになりませんように。

2024年10月4日　青月社 企画編集部
袴田実穂

目次

1　わたしのこと

今のこと、これからのこと。どう生きていくべきか分からない。どんな未来が待っているのか想像もつかない。それは怖くて不安なものだ。しかしどれだけ怯えたところであなたはあなたの人生から逃れることができない。たしかに言えるのは、この先もずっとその身ひとつで生きて、向き合っていくしかないということ。

怖くても、動こう。

大学生活の過ごし方

Q1

大学生活が始まって以来、さまざまなことに挑戦しているものの、何事にも今ひとつやる気が出ません。親友と呼べる存在と出会ったり、自分が本当にやりたいことを見つけたりしなければ、と焦る気持ちはあります。大学生活を送るうえでのアドバイスをいただけると嬉しいです。

18歳・大学生

大学1年生ですね。西日本の人なら「1回生」か。おー、さまざまなことに挑戦していますね、と。いちおう自分なりには「(いい意味で)大学デビュー」してみたんですね。で、前期と夏休みが過ぎ、秋も深まった時点で、親友と呼べる存在もおらず、本当にやりたいことも見つからず、焦りがあるわけだ。

僕は、**学生時代は「学問する期間」かつ「社会人として食べていくための準備期間」**と捉えています。学生というのは、大学と大学院で高等教育を受ける人。それに対し、児童は小学校で初等教育、生徒は中学・高校で中等教育を受ける人。児童・生徒時代は、受け身で「勉強」する期間です。これまで「こうである」とされている知識を順序よく覚えているかどうかが大事。正直、日本をはじめとする東アジア文化圏の受験勉強は、中国王朝の科挙の影響もあって暗記中心。よく考えたら「勉《つと》めて強《し》いる」と書いて勉強だ。あなたも受験のときはなかなか大変だったでしょう。それを乗り越えていざ入学してみたら……ということで焦るのは分かるよ。

一方、大学入学後の学生時代は、自主的に「学問」する期間。これまで「こうである」とされている知識=常識に対して、「いや、本当はこうじゃないか?」と仮説を立てて挑戦することが大事。「問いを立てる」んです。

学生時代は、これまで自分がしてきた「勉強」と「学問」は違うんだ、と腹の底から気づくことが大きな目標です。高校までの「勉強」を否定するわけではない。前提知識がなければ、問いが立てられないからね。ああ、だから受験勉強は知識を覚えるのか、日本の入試も別に悪いもんじゃないな、という気づきもここで得られるはず。

そして、大学・大学院を出て学生時代が終わったら、社会人として働いて食べていかなければならない。どんなに綺麗ごとを言っても、暮らしの連続が人生だよ。

学生時代は、レポートや卒論・卒業制作で納期を守ることを覚えたり、じっと机に座って学びを深めたり音楽の稽古をしたり、外へ出てフィールドワークをしたり、体育の授業や部活動で身体を鍛えたり、ゼミやサークルなどで集団行動のコツを覚えたりする。**それらはすべて、社会人として食べていくための準備**なんです。

現状、焦っているあなたに必要なのは、少し遠めの目標かもしれません。身近な自称成功者の具体的にこうこう、みたいなものではなく、世界の偉人の素敵なエピソードを知って、心を奮い立たせるようなもの。よし、19世紀からある『**自助論**』（**サミュエル＝スマイルズ**）を読んでください。世界中の若者たちの心に「天は自ら助くる者を助く＝自助〔self help〕」の精神をぶっ刺してきた名著中の名著。そして、読み終えたあなたに何となく惹かれて、素敵な人が何人か近づいてきてくれるだろう。そうしたらその人を捕まえて、すごい握力で離さないこと。僕にも1人いる。それが「親友」です。

そして、「本当にやりたいこと」もきっと見つかります。じつはあるでしょう？　子どものころ無邪気に夢想していた、恥ずかしくて言えないような大それたこと。スターになる、偉大な作品を残す、人の心を動かす存在になる……など何でもいい。まあ、得てして今の僕みたいに、思ったほど上手くはいかず、何度も心折れそうになるんだけどね。

それでも僕は、NEWS『Endless Summer』を聴いて踏みとどまっています。9人でスタートした彼らが、結成20年を経て3人になってもすごくがんばっているから。そんな彼らが「やがて僕らがありふれた大人になっても」「今の自分が思うような自分じゃなくても」、いつかの熱い気持ちを思い出せば「まだやれるよ」と、彼ら自身に言い聞かせるように歌っているのがこの曲。僕は3人のNEWSが大好きです。

『自助論』を読み、『Endless summer』を聴いたら……さあ、やろう。秋も過ぎて冬になって、まだ親友はいなくても、やりたいことが見つかっていなくても。受験勉強や部活動に励んでいたころ、思い描いていたような憧れがかたちになるのは、まだまだこれからなんだ。

がんばれ、がんばれ。

追伸：僕の親友の話。30歳のとき、東進ハイスクールの講師も永田塾の校舎長も辞めて、ほぼ無一文状態で東京を出た夜のことです。僕が連絡をすると、カメラマンの彼はその日朝イチから働いたギャラ5万円を封筒ごと僕に押しつけました。当時の奥さんには、「帰り、呑みにいったら落としちゃってさぁ」と言って叱られたそうです。その気持ちがどんなに嬉しかったことか。そして、とてもじゃないけどコイツにはかなわない、と思いました。それ以来、僕にとっての親友は彼1人です。違う誰かに対して安易にその言葉を使うのは、彼に失礼だから。

あなたも、いつかそんな人に出逢えることを願っています。

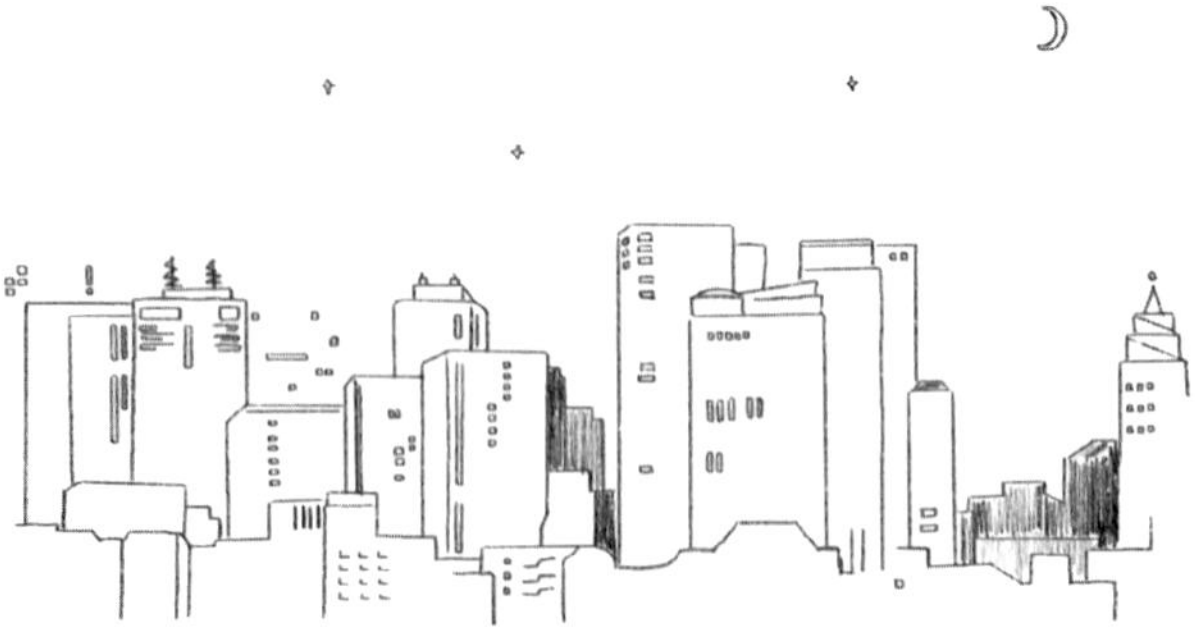

今と未来、どちらをとるか

Q2

大学院での研究分野に迷っています。今の自分が興味のある分野を選ぶか、または将来の仕事に役立つ学問を選ぶか、どちらがよいでしょうか。

22歳・大学生

22歳、大学4年で「入院」が決まっているんですね。ご愁傷様……というのは冗談として（別に僕は文系の院進も変だとは思わないので）、なるほどね。

18歳から34年のキャリアがある歴史講師として断言すると、**未来なんて予測できないもの**です。

まあまあ流行している**「VUCA《ブーカ》」の時代**って言葉、聞いたことありますか？ Volatility（変動性）、Uncertainty（不確実性）、Complexity（複雑性）、Ambiguity（曖昧性）という4単語の頭文字を取ったビジネス用語ですが、要するに**予測不能な時代**ということ。

古今東西の歴史を見ても、予測不能なことが起こってきました。例えば江戸時代の日本に、まさか清やロシアと戦うなんて発想はなかったでしょう？ しかも勝ってしまうなんて！ それから19世紀末〜20世紀初め、普仏戦争敗戦後のフランス・パリでは「ベル・エポック（美しい時代）」を謳歌していました。しかしその後、第一次世界大戦でアルザス・ロネーヌ地方をドイツから取り返したのも束の間、第二次世界大戦ではヒトラーの黄色作戦＆赤色作戦にやられ、ペタンを首班とするドイツの傀儡《かいらい》政権「ヴィシー政権」が成立、ド＝ゴールがイギリスに亡命し、「自由フランス」を結成する羽目になるなんてもう、誰が予測しましたか？

ってなもんです。あなたにしても、幼いころに首相だった安倍晋三が体調不良で退陣した後、6年後に復活し、8年近くの史上最長政権を記録するなんて思っていなかっただろうし、ましてやダンス甲子園の「メロリンQ」山本太郎が有名政治家となってれいわ新選組を率いているなんて、ねえ……。もっと身近なことを言えば、花巻東高校のピッチャー大谷翔平が日本ハムに入団して二刀流を開始、その後メジャーリーグに行って、史上初の50-50を達成……など誰が予想したでしょうか。

結論。本当に「未来」など予測できないので、存分に「今」を生きてください。

追伸：ただし、未来のほうが必ずよくなるというわけでもありません。ついでに教えておくと……。思想の左右ってあるじゃないですか。あれ、もとはフランス革命期の国民議会で議長席から見て左に革新派・右に保守派が着席したことに由来するんですよね。

めちゃくちゃ簡単に言うと、**左翼**＝「現在の問題の解決法は未来にこそある」「人間は時とともに必ず進歩する」と考える人たちで、未来への**理想主義者**。そして**右翼**＝「現在の問題の解決法は過去にこそある」「人間は時とともに必ず進歩するわけではなく退歩している部分もある」と考える人たちで、過去への**懐古主義者**。それから**左派・右派**というのは左翼・右翼それぞれの陣営内での濃さです。左翼の左派は過激で、右派は穏健。右翼の左派は穏健で右派は過激ってこと。

僕は歴史の講師のくせに公民の講師でもあるからか、「現代の問題の解決法は現代にこそある」と考えています。たぶん、ただの**現実主義者**です。予備校講師なんて教育者のように見えて、自分の担当生徒が合格すれば誰かが落ち、大学・学部のランク別に階層をつける仕事をしているわけで、理想を語る正規教員の方々とは違う、資格試験講師に過ぎません。しかもそれは戦後に出てきたような仕事で、懐古に浸る部分もありません（過去の予備校講師を美化する人もいるけれど、全共闘運動の残骸でしょう）。

ただ、その仕事を恥ずかしいと思ったことはありません。僕は、究極の理想主義者はその過程において現実主義者でなければいけないと確信しているからです。選挙で全く勝てない左翼・リベラル政党を見ていると、この人ら本気で勝つ気あんのかな？　と正直思ってしまいます。例えば山の頂上に立つことが目的なら、どうしてその方法・手段の種類にばかりこだわっているのかな、というか。富士山に登りたいなら（それがルール違反でなければ）ヘリで頂上に降りるとか、何なら山を爆破してしまうとか、何が何でも頂上に立つ、という気迫を見せなきゃ！　というか。

エグいでしょ？　僕は結果を重視する仕事をしているからね。でも自分なりの理想はあり、それはたぶんそこら辺の人より大きいです。今はがんばって、まずは古巣の東進ハイスクールで売れ続けている林修先生くらい、影響力のある人間になります（笑）急がないと。だって向こうが落ちてきて、欠員補充みたく入れ替わりで上がるのは嫌。だからずっと全盛期でいてくださいね、と思っています。僕は現実主義者だから、売れている人は素直に尊敬しているのです。

ことほど左様に、最前線で「今」を生きる人のパワーは凄まじいものなんです。だから、あなたにも理想とする「未来」に役立つ研究があるのだろうけれど、まずは「今」を生きてパワー・説得力をつけてください。声をデカくしてオーラを纏う、というかね。人生は一度しかないので、自分が一番やりたいことをする。そのために、自分自身や場を固めるというのが、若いうちにやれることかと。

がんばれ、がんばれ。

強い心を持つ方法

Q3

私は10代のころ、ブレイキンというジャンルのダンスで世界一になりたいという夢を持っていました。真剣に打ち込んでいましたが結果が出せず、20歳のころに出場した大会を最後に、仕事を言い訳にして諦めてしまいました。同じ年に理容師となり、一度は諦めた「世界一」という夢を理容の仕事を通して実現したい、少なくとも最後まで絶対に諦めないと心に決めました。しかし、現実はそう甘くなく、漠然とした具体性のない夢を追いかけているつもりになって、ただ月日は流れていきました。

「自分にならできる」と無理やりにでも自分の可能性を自分自身が信じ、言い聞かせ、期待をかけて、何とか前に進もうとする一方で、その期待がプレッシャーとなり、現実とのギャップに心が押しつぶされそうになることがあります。どうしたら前に進む勇気を奮い立たせながら、プレッシャーをコントロールする強い心を持つことができるでしょうか。

理容師　霜鳥大志さん

霜鳥さん、いつもお世話になっております。僕も同じです。**「物事には自己ベストと世界一しかない」**。それが分かっているあなたは、やはりとてもまともだなあ、と思いました。

十数年前、まだ新人に近かったあなたが勤務されていた「ヘアモードキクチ神田日銀通り店」（今では元首相・岸田文雄が通う店として有名になりましたね）に、僕は飛び込み客として入りました。当時40歳近くなり、「美しく見せる」ファジーなアレンジカット中心の「美容院」ではなく「きちんと整える」整髪に切り替えるため、面をつくるカットができ、かつ顔剃りもある、日本古来の伝統的な髪結床《かみゆいどこ》の系譜にある「理容室」を探していたのです。

通い出すと長い付き合いになるタイプだし、誠実な仕事をするところでないと嫌なので、あえて、顔剃りだけできますか？　とさまざまなお店に伺ったものです。当然、メニューにあるわけですからできないわけがありません。お寿司屋さんで言う、カウンターでちらし寿司1人前だけ食べてサッと帰る客と同じです。何も迷惑なことはない。

なのに、半分くらいの店は迷惑そうでした。混んでいればまだ分かります。どう見ても暇そうな店に限って、「なんでウチでカットしないんだ？」「シャンプーとセットくらいせめて付ければ?」という態度でした。そういった店は例外なく剃刀《かみそり》の研ぎが甘く、色白で肌の弱い僕は、赤く傷つき、オロナインなんかを塗られて「あ、ここはナイな」などと思っていたのです。

あの日は、神田駅の南口付近を歩いている最中にお店を見つけました。そして、当時15年ほど通っていた美容師さんのところでカットしたばかりだということもあり、顔剃りだけお願いしたわけです。すると、どう見ても20代前半〜半ばの若い霜鳥さんが出てきました。あなたは飛び込み&顔剃りのみの客を嫌がるそぶりもなく、新しい剃刀の刃を用意したうえで、めちゃくちゃ丁寧で傷1つ残さない、そして素晴らしい眉のかたちに仕上げてくださいました。会計が千数百円ほどで、他の店と比べてその安さに驚いたのもありますが、何よりあなたの技術と接客の素晴らしさ!

そして会計時、店長代理の立場だったNさんの釣銭の返し方です。あえて一万円札を出した僕に対する戻しのお札がすべてピン札、もちろん同じ向きで返ってきて、各コインもちゃんと表、しかも数字がこちらに真っ直ぐ見えるように向けている。それは見事なもので、「この人ら、ホスト出身?」と思った覚えがあります(笑)ごめんなさいね。あえて顔剃りのみ、一万円札払いでお釣りの返し方すら見る細かい客でした。ただ、最低限の礼儀として、アイドルタイム〔暇な時間〕だと確認して入っていますけどね。とにかくあの日に僕は、これから通う理容室を決めたのです。

その後、Nさんが休みの日には霜鳥さんが担当になり、なんてまあカットの技術もいい、接客も素晴らしい人だ、と思っていました。そして、数年後にNさんが転職されて霜鳥さんが店長代理的な立場になられたときから、3週間に1回のカットをすべてあなたに任せることにしました。その後さらに数年が経ち、独立して浜松町で「THE TRADITIONAL」を開業されてからも、僕はずっと通っています。首から上は生涯、霜鳥さんに任せたということです。

さて、僕とあなたの関係をこうして読者の皆さんに知らせたわけですが（何せ実名で出てきたわけで）、本題に入りましょう。

2024年夏のパリオリンピックで初採用され、話題となったブレイキンで、10代後半のあなたは全国トップランクの実績があった。でも、世界一にはなれなかった。ここまでが第一段階。そして専門学校に通い、20代前半で理容師となり、有名店で活躍され、30代の今は独立して自分の店をお持ちだ。しかも順調に予約が埋まりまくる（なのでいつもイレギュラー対応してもらってすみませんホントに……）。ここまでが第二段階。二段目のロケットも上手く発射された、ということです。

当たり前のことですが、**人生は少なくとも三段ロケット**です。

シャ乱Qというバンドはご存知かと。すごく有名な関西出身のバンドでした。とはいえ、サザンオールスターズと並ぶような存在でしょうか？　サザンや桑田佳祐はある部分において、まさに世界一です。誰も異論はないでしょう。ということは、シャ乱Qは「トップランク」ではあっても「トップ」ではないですよね。ミスチルやスピッツやエレカシもいる、ヒゲダンだって追いつくかもしれない。

しかし、つんく♂というボーカリストはすごかった。トップランクに安住せず、プロデューサーとしてトップを獲りにいったんですね。未だに続くモーニング娘。をはじめとするハロプロですよ！　そして、松田聖子以来のスーパーアイドルと言っても過言ではない松浦亜弥〔あやや〕を輩出している。現在でも、アンジュルムやjuice=juiceのクオリティを見てください。彼は歌謡界でトップを獲った。バンドの歌い手ではなく、プロデューサーとして、です。

こういうやり方もあります。あなたの気迫と視座ならできるはず。がんばってください、応援しています。

追伸：僕が法政大学1年のとき、同じクラスの野球部2人から紹介されてお昼ごはんを一緒に食べたことのある、とても礼儀正しい男がいました（彼は覚えていないだろうけど）。長身のイケメン、右頬に大きな痣。愛知県出身で中京大中京高校を出て、経営学部に入り、1年で東京六大学野球にレギュラーで出場していました。僕と同じ文学部史学科の青木久典くん（のち法政大学監督）が「こいつおるせいで俺、全然目立てへん」と苦笑していたことを覚えています。

その1度きり昼食をともにした男は、野村監督率いるヤクルトスワローズにドラフト指名され、（単位が足りず大学を卒業できなかったのはご愛嬌として）マルチな強打者として存分に活躍しました。そして機が熟したときに退団し、悲願のメジャーリーグに挑戦……というところで、盛大な壮行会を開いてもらったにも関わらず、どの球団からも声がかからなかった。どんなに恥ずかしかったろう、どんなに悔しかったろう。僕は少し面識があるだけに、彼の行動を注視しました。

花形であるセ・リーグの在京人気球団を退団したのち、当時そこまで人気がなかったパ・リーグの北海道日本ハムファイターズに拾われ、そこで見事に開き直った彼は、努力してチームに溶け込み大活躍することになります。あの新庄剛志と並ぶほどの人気もあり、彼がチャンスで打席に立つとライトスタンドでファンが一斉にジャンプするムーブは一躍有名になりました。そして引退後、解説者を経て侍ジャパンの監督になり、なんとプレミア12と東京オリンピックで、史上初の金メダル獲得！

この稲葉篤紀さんこそ、「プレイヤーとしてはトップクラス・監督としては世界一」の抜群のモデルです。そして2023年からは日ハムの「二軍監督」を務めている。めっちゃ格好よくないですか？

霜鳥さん、僕らも自分の業界で世界一を目指しましょう。そのためにはまず、どこかの出版社で、江戸時代以降の髪結床から世界一の理容王国（僕は日本の理容技術は世界一だと思っています）へとつながる歴史を僕と共著で出して、名前を売ることが大事。今度ぜひ打ち合わせについてきてくださいね（笑）

完璧を求めてしまう

Q4

私の悩みは、完璧を求めようとしてしまう自分の性格です。一度上手くいかないと必要以上に自分を責めてしまったり、悔しくてイライラしてしまったりと、マイナスな方向に働くことが多々あります。自分を大切にして日々を過ごすためにはどうしたらいいでしょうか。

18歳・大学生

完璧を求めるのは、仕事においては素晴らしいことです。社会人になったら＝プロになったらぜひ、どんどん自分を責め、悔しくてイライラしてください。すべてはお客のため。自分自身を大切にする必要はないのです。

ただ、あくまでもそれは仕事分野に限定したいです。今のあなたはまだ大学1年生だし、社会人になってもワーク・ライフ・バランスを求めるタイプだと推察します。なぜなら「自分を大切にする」という言葉は、僕のような仕事人間、ワーク・ワーク・ワークを求めるタイプにはない発想だからです。

まず、「必要以上に責めない」ことが大事です。あなたは他責＝無責任な人ではない。一度上手くいかなかったとき、ちゃんと自分で責任を取ろうとするマインドがセットされています。これは素晴らしい。では、どの程度までが「必要」なのでしょうか？

僕は歴史の講師ですから、**人は必ず間違う**ということを知っています。歴史上のどんな偉人だって、よく調べれば穴だらけどころか、石川啄木のように短歌と詩以外は控えめに言ってもクズのような人間もゴロゴロいます。「第六天魔王」織田信長は比叡山延暦寺に放火していますし、以前の千円札の野口英世は金遣いが荒く（ブラックジョークか）、現在の一万円札の渋沢栄一は女グセ・浮気グセがひどいです（だから結婚式のご祝儀を包むとき微妙な気分に……）。太宰治もひどくないですか？　だいたい玉川上水は江戸に飲料水を、と玉川兄弟が命がけで通したもので、愛人と心中しようと飛び込むためのものではありません。ナポレオン、いやアインシュタインだって……いや、このぐらいにしておきましょう。

というふうに、人は必ず間違う＝転ぶのです。それを前提として、大事なのは**「次に立ち上がる姿勢をとれるように転ぶ」**ことです。

いつまでも転んだ自分を責め続けてはいけません。イライラして地団太踏んだって、足が痛くなるだけ。この厳しい世のなかで、あなた自身があなたを許さなければ、誰が許してくれるというのでしょう？　これが青年期に必要な自己肯定感、「アイデンティティの確立」というものです。自己顕示欲や承認欲求とは全然違うのです。

あなたは、この相談を今、ここでできるのだから十分まともです。いい18歳ですよ。自己認識がちゃんとできている。

今から、いや、明日からでいいや。

がんばれ、がんばれ。

卒業の時期が遅れる

Q5

1年間の留学をするため、同級生より卒業年が遅れる予定です。自分で決めたことではありますが、同級生が先に就職することに対して、置いていかれるような焦りがあります。この気持ちと折り合いをつけるにはどうしたらいいでしょうか。

19歳・学生

これは初々しい質問ですね。留学は、1年浪人してでも大学のレベルを上げることと同程度のメリットがあると思います（留学先により程度は変化しますが）。あなたはそれを天秤にかけて留学を選んだはずですから、何も心配要りませんよ。

例えば滑り止めで入学した立教大学で仮面浪人し、図書館でスタディサプリの講義を見てどうしても入りたかった早稲田大学の文学部を再受験、合格したのに「高校の同級生より社会に出るのが1年遅れちゃう……」と悩む人は普通いないでしょう。本書の編集担当・袴田さんに確認してみてください（笑）

でも、僕に聞いてくれてよかった。なぜならこの質問は、すんなり留学できない・できなかった人にとっては、マウントを取られているように思えるからです。

その人たちは正直、1年遅れることなんて何とも思っていない。浪人や留学で遅れをとることが珍しくないから、というより、それを許される環境になかったからです。「女子なのに浪人は……」という理不尽なバイアスから来る同調圧力、「家にはこれ以上お金がない」という圧倒的な現実。密かに涙を流す人たちを、何百人と見てきました。親御さんとしたくもない戦いをしながら、また、毛穴から血が噴き出すような思いでつらいアルバイトをしながら、それでも浪人し、留学してきた。少なくともそうしてきた人たちは誰も1年の遅れを後悔していません。

あなたは自身の恵まれた立場を、この質問をきっかけに再び感じてください。**許可してお金を出してくれる人たちに感謝して、堂々と留学してください。**

大丈夫。不安だったんだね。ここにしか送ることのできない、いい質問だよ。ありがとう。

がんばれ、がんばれ。

時間の使い方

Q6

読書やゲーム、仕事のＰＣ作業など、何でもハマると時間を忘れて没頭してしまいます。食事を取り損ねたり睡眠を取れなかったり、他にやることがあったのに……と時間を上手く使うことができません。どうしたら1つのことに集中しすぎずバランスよく過ごせるでしょうか。

48歳・塾講師

いいじゃないですか、過集中。何にせよ集中力が「ある」のはメリットです。先生もご存知のように、普通は集中力が「ない」ことに悩むのです。

僕なんか、さも色々やっているスーパーマンみたいに思っている生徒さんがいますが、勘弁してくれよと思います。趣味も酒もタバコもやらず、車にもバイクにも乗らず、ただ地味に色んな仕事をしているだけです。正確には、僕はスーパーマンではなくてウルトラマン、3分しかもたない……（涙）

「大人の発達障害」の症状の1つとして有名な過集中だとしても、集中力があるのは正直うらやましいです。いくら真っ当なビジネスマンである正社員講師とはいえ、**「見られる側」の職業の人間にとって、そもそもバランスがよいことに意味はない**と思うのです。人様から命の次に大事な時間とお金を頂いてるわけですから、我々はよくもわるくも偏っているべきだとすら思っています。

それに、先生はあくまでも帰宅後に楽しい読書・ゲームに集中しているだけで、それはプライベートにおいては何の問題もないです。読書に集中して寝食を忘れる。いい人生ではないでしょうか。そこまでして本を読んでも無駄にならない、それが活かされる職業に就いていらっしゃるし。ゲームだってそうです。最新のものをプレイすることで生徒の話題についていける。スイカゲームのように数学的な思考が身につき、かつ果物から人間関係を結ぶコツを学べるものもある。「ハマっちゃって時間溶けた……（涙）」と言ったとき、同じ悩みを抱える生徒さんたちの共感まで得られるはずです。

そして、先生は会社においては必要な（個人情報の流出を防ぐためにどうせ職場でやらなければならない）ＰＣ作業に集中されていて、素晴らしいことです。ただし、「そのときにしかできない」他の業務がおろそかになっては、たしかに本末転倒ですよね。安全確保、保護者対応、生徒の悩み相談、授業準備……というか、はっきり言えば、生徒さんたちが来てから帰るまでは職員室で敏感にアンテナを立てていたい。お客が誰もいない、電話が鳴らない時間にこそＰＣ仕事は過集中で済ませるのが理想。とはいえ、その時間は本来、部下や同僚の悩みを聞く大事な時間だったりする……。

だから、仕事場では**「先に優先順位を決めておく」**ことが肝要かと。馬の耳に念仏状態だと思いますが……。

あと、**そもそも先生の悩みは別のところにあるのではないか？　と感じました。**間違っていたら申し訳ないのですが、普段は13時～深夜割増賃金にならない22時まで、特訓授業やテスト時には土日祝出勤ありという**業界独特の勤務体系による身体サイクルの乱れ**

と、何より平日9時～18時という通常の勤め人の方々との**色んな意味でのすれ違い**などではないでしょうか？

塾講師の典型的な悩みを2パターン書きます。

まずは若い場合。

大声を出して気を張りながら勤務して、さあ休めるぞと思ったら時計はテッペン、朝から働く〝普通〟の人はもう寝る時間です。日曜日に試験監督で出勤し、月曜日に代休を取っても美術館や博物館は閉館、そもそも普段の習慣で起きたのは昼前。スマホを開いてゴロゴロしていれば夜は更け、今日も誰とも連絡を取っていない……同僚はどうせお互いの上長の愚痴をLINEで言い合うだけの関係。このまま出会いもないし、果たして自分は結婚して家庭を持てるのだろうか？ 声だけはバカでかいけれど、まだ10代の生徒と金銭感覚がマヒしている保護者さん相手のビジネスしか経験したことがない。転職できるのか？ とか……。

次に中年以降の場合。

いつまで教室で授業担当できるのかな……？ 相手の年齢は常に同じ、自分は年を取っていく。ずっと勧められてはいるものの、授業を持たない管理職はノルマに追われ、全体会議では社長と役員に怒鳴られて、変な社訓を絶叫させられるだけだしな……。自分は声だけはバカでかいけれど、そもそも教えることが好きでこの仕事を選んだのに、どうして塾にいるんだろう。この歳からでも転職できるのか？　などなど。

塾講師は、講義を聞いてくれる人がいて、テキストを読んでくれる人がいて、一緒に泣き笑いしてくれる人がいる、素晴らしいお仕事です。僕も、もとは中学受験の大手塾講師から始めた「塾屋」です。新卒後、東進ハイスクール講師と同時並行で、東大／難関大受験専門塾の校舎長も7年間務めました。高校受験の講師も、個別指導塾の講師も当然、経験があります。だから、業界を知らないということはないのでご安心を。

追伸：じつは、講師だけやっていても、チャンスが広がることもあります。スタディサプリに出たり、参考書・問題集やビジネス書を書いたり。でもそれは、今の環境に身を置いたまま、対象人数を広げただけです。塾講師出身の自分は、少なくともそれを忘れたことはありません。目の前のことに、それこそ過集中してくださいませ。授業力とテキスト・テスト執筆能力を磨けば、自然とどこかから「広げましょう」というオファーがあることと思います。

もしくは、独立です。義理を欠くとあとあと大変ですので、商圏を変えて、もとの生徒さんを引き抜かないかたちで（これが皆、守れない……）。ただし、先生を慕うもとの職場の誰かが「一緒にやらせてください」と言ってきたら、それこそ年齢・性別関係なく仲間です。ドンと引き受け、ともに泣き笑いしてください。

最後に。僕にできることがあれば、公開講座とか手伝わせてください。ギャラ？　そんなの帰りにラーメンと餃子おごってくだされば。せっかく今、知り合ったんじゃないですか。水臭いこと言わんでください（笑）

いつでもお声がけを。

時計の音

Q7

夜、時計の音が気になって眠れません。どうしたらいいのでしょうか。

16歳・高校生

この質問を読んだとき、一瞬笑ってしまいました。「そんなのその時計、部屋から出したらええがな」「時計換えたらええやんか」「スマホの目覚ましかけたら音せんよ」などなど、即答で終わりだな、と。

そして、すぐに反省しました。そんなの大人の都合ですよね。あなたは自分の部屋を持っていなくて、大きな時計のあるリビングで寝なければいけないのかもしれない。その時計、誰かからもらった大事なものかもしれない。スマホを買ってもらえないのかもしれない。

無神経でごめんなさい。あなたはまだ高校生。何かはよく分からないけど、色んな事情を抱え、眠れないんですよね。

僕は相談を受ける際、1つだけ気をつけていることがあります。**悩みを相談する人は、ひどく傷ついてここに来たんだ**、ということです。「次の場所」なんてない。そのつもりで答えますね。

眠れないあなたに言えるのは、誰かの誠実な言葉を感じてください、ということ。誰とも話せないなら、歌でも文章でもいい。本物の言葉を。

眠れない夜に、音量を小さめにしてaiko『カブトムシ』を聴いてみてください。彼女の歌と歌声は、誰のことも責めたりしない。唯一無二のシンガーソングライターです。

この歌は、年齢も性別も季節・時間も問わず、いつでもあなたと適切な距離を持って語りかけてきます。経験値だって関係ない。僕は2番の歌詞「琥珀《こはく》の弓張り月」「息切れすら覚える鼓動」の部分を初めて聞いたとき、鳥肌が立ったり涙を流したりするのではなく、身体が震えました。やさしさとセンスを兼ね備えたものを才能と呼ぶのだな、と。

それでも聴く環境をつくるのは難しいかもしれない。誰かに勇気を出して何か（音源や機器）を借りてもいい、夜に独りで聴いてください。僕に相談して、勧められて、聴いたことを、生涯忘れることはないでしょう。

なぜ編集担当・袴田さんが、数多く集めたなかからあえてこの質問を選んだのか、分かるような気がします。2人とも、ありがとう。

追伸：「聴く」パターンを1つ紹介したけれど、「読む」なら、僕にとっては沢木耕太郎さんと村山由佳さんの文章がピタリとはまる。言葉の選びかたと並べかたが本当に素敵。自分がちょっとゆがんだな、と思ったとき、2人の文章を読みます（内容は何だっていい）。すると背筋が伸びたような気がするのです。あなたもそういう、自分だけの大切な作家さんを見つけてください。そしてこの先、何かおすすめの歌や言葉と出会ったら、僕にこっそり教えてくださいね。

追伸の追伸：この本の「まえがき」を見たとき、驚いたはずです。なぜ著者ではなく編集者さんが書いているんだろう？　と。そしてQ41まで読み進めたとき、もう一度驚くはずです。なぜ読者だけでなく編集者さんまで悩みを相談しているんだろう？　と。

2つとも僕のアイデアです。ダメ元で編集長にお願いしたら採用してくれました。漠然としていても、ただの勘だとしても。世のなかには、自分の思いを真摯《しんし》に訴えてみると、耳を傾けてくれる大人が必ずいます。

僕は嬉しくなって、3つめを今、考えつきました。あなたの相談を選んだ編集担当・袴田さんは、あなたを理解しようと強く思ったはず。ならば、彼女も答えていい。それに何より。誠実な「本物の言葉」を紡げる人は、限られています。僕の歴代34年の生徒さんのなかで、最も「（本物の言葉を）常に探している人」は彼女です。僕よりも、よほど誠実で、適任だと思う。編集長だって、きっと反対しない（笑）

担当編集者からの回答

電池を抜いたらいいんじゃない、と一旦はそう思ってみる。16歳のあなたがインターネットを使って質問を送ってきてくれたということは、自分専用のスマートフォンやタブレット端末といった、何らかのデジタル機器を所持しているのではないか。そういったものにはたいてい、正確な時刻が表示されていて、アラーム機能もついている。つまり、あなたが寝ているあいだの数時間くらいその時計の息の根を止めたところで、朝に飛び起きて時刻を確認したり、あなたを叩き起こしたりする代替手段はきっとある。あなたの生活をよく知らない私や、大方の読者はそう考えるだろう。しかし、あなたにとってはそんな簡単に済む問題ではない。だからここに質問を送ってきてくれた。違いますか。

あなたから送られてきた質問はＰ43にあるものが全文で、私に与えられているあなたの情報は「16歳の高校生」ということのみだ。だから、ここから先は私の推理を交えながら勝手にこの問題について考える。

まず、あなたがその時計に対して何らかのこだわりを持っている可能性を考えた。秒針の音は気になるけれど、毎晩のように電池を抜くのはかわいそうだ、とか。そういう、特定のモノや行為に対する自分だけのこだわりというのは、他者からは理解されにくい。捨てたらいいじゃん、やめたらいいじゃん、と彼らは簡単に笑いとばす。それでも、自分にとってそれはお守りであり、祈りである。

私は会社にお弁当を持っていくとき、ランチマットを持参する。食事のあいだの20分ほどしか使わないくせに、毎日洗濯に出して取り替えてしまう。そして、日曜日の夜に5枚まとめてアイロンをかける。大した手間ではないけれど、ときどき我に返ってくだらないと思う。誰かに褒められるわけでもないのに、ばかみたいだと思う。それでも、「快（アイロンをかけない、毎日取り替えない）」と「不快（5日間かけてしわの増えていくランチマットの上でごはんを食べる）」を前にしたとき、あえて険しいほうの道を選んでしまうのは、私にとって生地のぴんと張ったランチマットは私だけに分かるお守りであり、いつかこの日々の積み重ねが私の味方になってほしいという祈りでもあるからだ。

時計の話に戻ろう。あなたにとってその時計には、何らかの祈りが込められているだろうか。大切な人からもらった、お小遣いを貯めて買った、初めてのアルバイト代で買った。そんな思い出はあるだろうか。「不快（秒針の音が気になって眠れない）」がつきまとってでも手放したくないお守りだろうか。もしもあなただけに分かる祈りがその時計に込められているのなら、秒針の音という「不快」は耐える価値があるもののように思う。そうでなければ今すぐお年玉の残りやお小遣いやアルバイト代を注ぎ込んで秒針の音がしずかな時計に買い替えるか、毎晩眠りにつく前に時計の電池を抜くなどしてください。

次に、その時計が寝室あるいはあなたの眠る部屋に取りつけられた壁掛けの時計である場合も考えられる。掛け時計となれば、同居するご家族などの意向で設置され、あなただけの意思では毎晩の取り外しができないことも十分にありうる。掛け時計というインテリアには、家庭内での決定権を持つ人間が関与している場合が多いからだ（異論は認める）。そうなると、残念ながらその時計から鳴り響く秒針の音はお父さんのいびきやきょうだいの歯軋りと同類で、気に障るからといって息の根を止めてしまうと捕まるのはあなただ。

経済的自立の叶わない時期にそういった我慢はつきものだろう。私は高校生のころ、早く大人になれますように、とよく願っていた。願ったところで何も変わらなかったけれど。大人に守られている部分のほうが圧倒的に大きかったことには、働き始めた今になってようやく気づいた。

いつかあなたが大人の一員として社会に参加するようになった暁には、自分の意思で秒針の音がしずかな時計を買うことも、寝室には時計を置かないことも選べるようになる。そのぶん背負う責任も大きくなっていくけれど、あなたがその決定権を持つ。大人になるとはそういうことだと思う。

自由と責任を天秤にかけながら、高校生活を生き抜いてください。生きていけます。

不安に打ち勝つには

Q8

弁護士を目指すため就活はしない選択を取りましたが、「本当に私が司法試験に合格するのか」と不安にさいなまれながら勉強しています。不安に打ち勝つ方法を教えていただきたいです。

21歳・大学生

相談を読んですぐ思いました。**不安に打ち「勝つ」のではなく「克《か》つ」のです。**克己とか克服という言葉に使われていますね。「勝つ」のは弁護士資格を取り、訴訟代理人に指名されてからでいい。今は己に「克つ」べきです。

あなたは不安というより、単にビビっているんでしょう。恐怖。でも、僕はいいと思います。気が小さいのは読んでいて分かる。それでも退路を断って勝負しようとしているんだから偉いよ。

たぶん現状、過去問演習や模試の成績もよくないはず。僕だって2011年の新試験開始時から辰已法律研究所の司法試験予備試験の一般教養講師を務めているから、司法試験の難しさは知っています。

ものすごく高い壁に見えるでしょう。高さは実際、とても高い。でもね。数々の受験生を見てきたから断言できるけれど、**それは壁ではない、ドアだ。思いきり押せば開く。**あなたは今、高いドアを見上げて、頭を抱えてうずくまっているような状態。気持ちは分かる。でもね。あなたはそのまま「溶ける」ために退路を断ったのか?

せめて「ぶつかる」ことをしよう。思いきり行け。ドアは必ずそれなりに開く。1回では無理かもしれない。じゃあ2回目突っ込んだらええよ。また開く。何回か突っ込んで身体が通れるだけのスペースを確保したら、そこをすり抜ける。そのとき、埼玉県和光市の駅に立ち、司法修習に望むあなたの顔はどんなだろうな、傷だらけかな、だったら格好いいな、と僕はすでに妄想しています。

怖くても、動こう。

追伸：合格したら、司法試験予備校のパイオニア・辰已法律研究所の後藤守男所長を紹介するので、ぜひ連絡してください。70歳の古希を過ぎてもますます意気軒高《いきけんこう》、超尊敬する「いい漢《おとこ》」です。ぜひ飲みに行って色々と意見交換してください。それから、レイ法律事務所の代表弁護士・佐藤大和さんも業界一のイケメンですが、めちゃめちゃ筋の通った気の強い、これまた「いい漢」です。僕は彼らと接することで未熟ながら「漢を磨く」ことを続けています。それは性別に関係なく。だから男という文字はやめました。

最後に。修習時に弁護士ではなく裁判官や検事になりたくなることもままあるので、それはそれで。どちらにせよ、あなたが目指している法曹界《ほうそう》は、基本的に紛争・闘いの場所です。

裁判所なんて闘技場〔コロッセオ〕だろう。その入口のドアが高いからって、うずくまっている場合ではない。震えながらでもいい、突っ込んでください。

フリーランスの剣闘士〔グラディエーター〕を代表し、応援しています。

大学院での学び

Q9

親にお金を出してもらって大学院に行くか、または一度社会人として稼いで貯金してから行くか悩んでいます。大学院に行く前に社会に出たほうが、学びは有益なものになるでしょうか。

20歳・大学生

すぐ入院してください！　なんて書くと、たいていの人は驚くでしょうね（笑）　病院に入院するのと同じ、とアカデミア界隈で揶揄《やゆ》されがちな文系の院進は、それだけ世間では評価されにくいものです。政治家・キャリア官僚や上場企業役員たちのプロフィールを見れば分かるように、彼ら（あえて彼女らを追加しません）の留学を伴う院進は、省庁や企業のお金で、仕事の一貫として派遣されているわけで、ね。

それが分かっていてなお、学費を出してくれようとする素晴らしい親御さんに感謝しつつ、病室いや研究室に一直線で向かい、**将来、恩返しすればいい**。これに尽きます。

別に自慢でも何でもなく（そこまで大した金額じゃないし）、僕は自分と妻の家族双方に仕送りをしています。当たり前だと思っていますが、母・義母ともにとても嬉しそうです。また、近年亡くなった父と義父も喜んでいました。ようやく娘と息子＝孫も一緒に色んなところに出かけられるなあ、と思っていた矢先だったので、恩返しが間に合わなかったと後悔しているほどです。

だからあなたも、自分で稼いで暮らしていける大人になったら、急いで親御さんに恩を返せばいい。照れ臭くても口に出して、具体的なかたちにして。相手がいるうちに、ね。

あと、社会に出たほうが云々の話ですが、順序は何でもいいです。真っ直ぐな**フロン**

トエンド方式（人生の前半で集中的に学び、中盤で仕事に集中し、退職後に学び直す）が悪いとは思いません。ヘビのようにクネクネした**リカレント方式**（人生全体で就学期間と就労期間を行き来する）もアリだな、という程度で考えています。

大事なのは、学びの選択肢の幅を「自分の頭のなかで」広げること。例えば、少年時代に寝食を忘れ猛烈に学んだ二宮尊徳〔金次郎〕（元祖歩きスマホ）と、家業を引退してから江戸に出て50歳で19歳下の高橋至時《よしとき》先生に学んだ伊能忠敬（元祖健脚老人）とのあいだに、優劣はないですよね。かたや立派な農業コンサルタントになり、かたや世界的に評価される日本地図を作成した。彼らの存在というか銅像は、今でも若者から老人まで多くの人々を鼓舞しています。

まあ、学びかたは何でもいいんですよ。**人は人、自分は自分**ですから。これを答えている僕も、あなたから見れば他人。あくまでも他人の意見です。引きずられすぎないようにしてくださいね。

色々と考えた末にどんな選択をなさっても、応援していますよ。せっかくできたご縁じゃないですか。

がんばって！

追伸：僕は**「借りたものは返す」**という言葉はもっと大事にされていいと思っています。それは、文字通りレンタルした**物をそのまま返却する**という意味、金を借りたら**自分で稼いだ金で返す**という意味のほかに、**仕返し**と、何より**恩返し**があります。

物を返さない人、いますよね……。借りパク。僕は色んな人のビフォーアフターを見てきましたが、例外なく出世していない。

次にお金。前述した親友に一度、他人を庇《かば》うために。それ以外、借りたことないです。以前、本のあとがきで「人から金を借りて高級寿司を食べるくらいなら、今ある金で牛丼を食べます」等と書いたら、編集部に「一生寿司を食うなと言うのか！」と意味不明のクレームが来ました。「お金貯めてからどうぞ」と言うのもまた、他人の人生に対して理不尽な返しになると思ったので無視しましたが。あくまでも他人だからです。

恩返し。全然できていない。僕はこれをするために有名になりたい。だからこの本も売れたい（笑）　お世話になった人に「こいつは俺が育てたようなもんだ」と言わせてあげたいし、過去にお付き合いした人に「あのときの自分の見る目は間違っていなかった」と思わせてあげたい。これは、他人なのに、大事な人生の一部を割いて深く関わってくれた人への礼儀だと思っています。

仕返し。僕はSNSだろうが理不尽に喧嘩を売られた相手は絶対に覚えていて、どれだけ時間がかかっても、あらゆる手段を使って叩きのめします。これを読んで思い当たる節がある人も数人いると思いますが、震えて待っていてください。あ、ワビ入れるなら綺麗さっぱり水に流しますんで、こっちも期待せず連絡待ってますね、という感じです。あくまでも他人ですから、興味はない。

「みんなちがって、みんないい」 という詩人・金子みすゞの素敵な言葉がありますね。2015年以降、17ある国際連合のSDGs〈持続可能な開発目標〉の宣伝に安っぽく持ち出されるようになり、相田みつをと間違えてる人がいたりして、何だかな、と思います。これは、令和の世では（前向きな意味で）**「みんなちがって、どうでもいい」** ですよね。他人ですから。

冷たいように思いますか？　僕は特に思いません。

だってそれが、

人間だもの（みつを）

進むべき道

Q10

先生は、ご自身の進むべき道に悩まれることはありますか。また、もし悩まれたときはどのようにして道を決断されますか。

32歳・競技かるた選手／学習塾代表　粂原圭太郎さん

知り合いだからこそ、即答できます。

「正解の道などない、選んだ道を正解にしていくのだ」。

失礼かもしれませんが、僕らはある意味似ていますね。文武関係なく「その辺の人ができることは、大して努力しないでもできる」。嫌な奴ですよ（笑）

しかし、それは両刃《もろは》の剣《つるぎ》。

「やればできる」と思い込んでいるから、興味がないことは徹底してやらない。僕が英語・数学を全くできないまま放置し、車やバイクの免許も取らない理由です。「やっていない」だけで「できない」とは思わない。だってそこら辺の人ができてるやんけ、別に俺がやらんでもええやろ、と。ここに、我々に共通するジレンマがあります。僕らは何でも「やればできる」と思い込んでるからこそ、そういう人が掃いて捨てるほどいることを知っている。正直、自分が特に優れているとは思っていないんです。

「そこら辺の人ができることは自分もできる」マインドは、何でも平均以上になれるというだけで、「優れている」わけではありません。仕事をテストに例えれば、「やれば」すべて50点は絶対に取れる。それだけ。

1種類に集中して100点取れる人に負けないためには、3種類で計150点取ればいい。いや、10種類やれば500点取れるだろう。そうしたら5倍の点数がある。でも、普通は10種類なんて同時並行できない。これが僕の価値観です。誰も真似できない。これではじめて人様から命の次に大事な時間とお金を頂くことができる。そう考えています。だからその域まで行くのに時間がかかる。例えば、突出した何かを持っていない僕は「仕事が途切れない」というだけで、まだ「一流の仕事をしている」わけではないのです。常人が真似できない数のパズルがすべて揃わなければ、ブレイクしない。水泳で言えば個人メドレーとリレーすべてに出場する人。陸上で言えば十種競技。僕はデカスリートなのです。ことほど左様に、自分こそ雌伏雄飛《しふくゆうひ》の晩成型だと思っています。働き始めて34年、雌伏の時を続けてきましたが諦めていません。

でもね。粂原さんは思い違いをしている。あなたは突出しているモノがたしかにある。それが競技かるたです。この本を書いている時点で前名人。川瀬将義名人が現在3期めですが、あなたも3期でしたね。

大して努力していないと、ご本人は謙虚だから思っていらっしゃるでしょう。でも、名人になるような人は皆、そうだと思います。才能をビリビリ感じながら競技をしている。楠木早紀元クイーンなんて、その際たるもの。あのお方、なんで皆、自分より弱いんだろうと思っているのではないでしょうか。何でこの程度のことができないの？　と。そして、クイーン戦10連覇。しかもすべて1試合も落とさずストレート勝ち、完全勝利のまま11連続目は辞退。暴君〔タイラント〕ですかね（笑）

何が言いたいのかというと、元かるた名人であることをもっと尖らせてほしいんです。だって日本一＝世界一なんでしょう？

あなたは勉強法の本も書ける。塾経営もできる。そりゃできるでしょう、偏差値95で京大首席合格、人柄もよい、そして冷徹で厳しいところもある。でも、粂原さんの勝負はそこではない。

こう考えてみませんか？　現状、粂原さんはゴジラではなく、おそらくキングギドラなんです。映画の看板はゴジラ、それに比べれば敵役の怪獣の1つかもしれません。あなたは名人に返り咲いても楠木永世クイーンの知名度にはかなわないし、勉強法の本では我ら共通の友人・西岡壱誠《いっせい》さんにかなわない（だって向こうは東大ですから）。塾経営では東進ハイスクールの創業者、永瀬兄弟にはかなわない。これは残酷な事実です。

でも、キングギドラは3つの頭がある。特に中心の頭はとてもバランスのいい場所についている。それがかるたです。右が著者、左が経営者。中心の頭は、常人には絶対に真似できない。長年の付き合いだからこそ僕は分かりますが、西岡さんだって思っているはずです。「スペックが一番高いのはどう見たって粂原さんだろう」と。

粂原さんは「(他人より高いレベルの)器用貧乏」なんかではない。もっと中心の頭である競技かるたを長く伸ばして、変形キングギドラになってください。

そしてさらに。ゴジラにはないものがあなたにはあると、僕は確信しています。それは翼です。ゴジラと違って空を飛べる。

翼があるのに、いったい何をよそ見しているのか。「賀一先生は進むべき道に悩まれることはありますか?」って、まさか僕がそんなわけないでしょうよ(爆笑)元からついているその翼を大きく使い、新婚の奥さん(Tさん)とともに羽ばたくべき!

ご結婚、本当におめでとうございます。この解答を、後日出席させていただく結婚披露宴のスピーチの前フリとさせていただきます。

追伸:Tさん。あなたの選んだ人は本当に素晴らしい。僕は千里眼です。この人はすごい。何と言ったって翼がある。もっと遠くまで飛べる。

ともにがんばってください!

追伸の追伸：粂原さんに翼がある代わりに、僕にはこの眼があるのです。ちょっと似ている僕ら、違う分野かもしれませんが、トップになりましょう！

自分の言動に自信がない

Q11

幼少期から母親が厳しく、「あの子はできるのにあんたはできない」と言われ続けたせいか、自分の行動や思いに自信を持つことができません。周りと比べないようにしたいのですが、どうしたらいいでしょうか。

18歳・大学生

自信、自分もないです（断言）。

僕は歴史講師として、**失敗の9分9厘までその要因は自惚《うぬぼ》れ＝過信にある**と気づいているので、逆に自信を持たないように気をつけています。

でもこうやって即答で断言できるのはなぜ？　と思いますよね。それは、**自信はなくても確信があるから**です。

僕には、圧倒的な失敗の事例が並ぶ歴史を、アマとして12年・プロとして34年の計46年間学んできた経験があります。このように主観的ではない、客観的な説得力から来る心の動きにより形成されるのが、ヘンテコな自信ではない、確信です。

例えば、ローマのユリウス＝カエサルは刺されたとき「ブルートゥス、お前もか！（油断した！）」と叫び、織田信長は本能寺を明智光秀軍に囲まれたとき「是非に及ばず（仕方ねーだぎゃ）」と達観し、炎のなかで討ち死にします。

じつは「まさか」とは偶然ではなく、必然なのです。ブルートゥスも光秀も、彼らなりの反逆の理由がある。カエサルも信長も、「あのときこいつの賽《さい》は投げられたのか」「さすがにあの一言はマズかったか」など、少し考えれば思い当たる節が多くあります。

だから、過信していない自分に安心してください。あなたには、直前期の受験生に毎年贈っている言葉を言いたくなりました。

「自分を信じる」必要なんてない。「自分の悪運を信じる」んだ。

そして、大事な話が残っています。厳しいお母さんについて。赤の他人から見れば、正直「ソフトな毒親」です。人と比べてしまう傾向が強いのは、そもそもあなたではなくお母さんですよね。こりゃまいった……。大人になってしまえば、**人の性根《しょうね》は変わらないから。**

色んな思いがあると思います。そのお母さんがいなければ生まれなかった自分。徹底的に嫌いかと言われると、よくしてもらった記憶もあるし、好きな部分もあるはず。そもそも、他人の僕が、他人の親子関係に口を挟む資格も権利もありません。

ただ、あなたはまだ18歳の大学生。年齢的には成人ですが、家も出ていないし学費も自分で払っているわけではない。つまり、まだ「自立」していない。

その性格では、就職活動のときに周囲と比べて傷つくことも多いでしょう。働くようになってからも、資本主義社会ですから競争が待っています。

ん……そうだな……頃合いを見て「自立」してください。いくつか段階を踏んでいいから。

第一段階は、自宅に暮らしながら家にお金を入れること。第二段階は、家を出て暮らすこと。そして第三段階は、あえて仕送りをすること。それと同時並行で、もちろん奨学金があれば自分で返します。

社会科講師っぽいことを言えば、「人と比べる」のは資本主義社会の特徴です。そして**資本主義社会における悩みは、9分9厘までお金で解決できます。**

「世のなか」は経済力。でも「自分のなか」はカネだけじゃない。

産んでくれたことに感謝しつつ、やさしくお母さんをお金でねじ伏せ、「自立」してください。お母さんは身近な世のなか＝他人です。家族でも、もちろん他人。悪い意味ではなくて。要するに、家族は決してあなた自身ではないですよね？

さて、ご相談の内容は「行動や思いに自信を持つことができない」でしたね。上記のように具体的に「行動」して自立した後は、あなたの「思い」が残りました。

もうお母さんとあなたは連動していません。自己責任です。自立していない今はいい、でも自立した将来は違う。そう確信してください。行動さえ伴えば、可能です。

あなたが自立するのは、お母さんのためでもあります。自立していない子を残して亡くなることほど、親として微妙な気分はないはずです。え？　あの人はそんな人じゃない？　もっと自己中？

ならば、自立した後に精神的に捨てればいい。どうせ他人なんだから。

なぜ「赤の他人」の僕が冷たく言い放つか分かりますか？　「他人」であるお母さんに世話になっておいて、自立した後も悪口を言うのはフェアではないと思うからです。

あのね。今までの僕の解答に沿うならば、この先、お母さんからの援助（子育てなど）は受けられなくなります。それでいいなら、何でも言えばいい。しかし、少しでも援助を受けるつもりなら、悪く言わないほうがいい。今はいいけど、大人になったら駄目。その覚悟を持って、個人として生きてください。当たり前かもしれませんが、**いつか親離れを。**それが子離れにつながります。

最後に。

大人になっても「やっぱり許せない」と、変わらない自分に悩んだら、また相談してください。僕や編集担当・袴田さんは絶対に嫌がらない。僕らはここにいます。

がんばれ、がんばれ。

追伸：僕は教育者ではなく資格試験の講師なので、「落ちた生徒さんからもお金を頂く」という罪深い仕事をしています。色んな悩みの相談を受けていますが、助けられなかった人もたくさんいます。

ごめんなさいね。今回の相談に対する僕の解答は、役に立たないかもしれない。でも、聞くことはできる。いつでも聞く。何かあったら……いや、何かあっても、なくてもどうぞ。

いつでも、何でもいい。

ここは明かりがついてます。見て見ぬふりはしないから。ね。

将来のビジョン

Q12

将来のビジョンが見えません。出産・子育てと仕事の両立についても、自分の希望が決まっておらず、今の時点でどんな選択をするべきか迷っています。

20歳・大学生

出産・子育てと仕事の両立。女性は特に、これが最も「ガラスの天井」の要因になっていますよね。

自分の家族をかえりみれば。たまたま妻より僕のほうが、『ちいかわ』でいう日雇いの「労働」に適している。ラッコさんみたく「討伐」が得意で、しょっちゅう「おっきい討伐」に出かけますが、日々の「草むしり」「シール貼り」「採取（夜勤）」も好き。

妻はシーサーみたく直接雇用に適していたので長らく正社員をしていたのですが、コロナ禍で保育園の預かりが難しくなったため、今は別宅で（我々はマンションの最上階と最低階で別居しているので）家事・育児に専念しています。僕と同じ「文学部史学科」という全く実用的ではない学科の出身ですが、せっかくそれなりのレベルの大学まで出してもらったのに申し訳ない（特に義父・義母に対して）……と思っています。

ただ、今の時点でどんな選択をするか。この件については難しいです。というのも、実際に結婚するか（できるか）、子どもをつくるか（できるか）は、正直分からないからです。

僕はたまたま35歳で結婚しました。当時の僕は、さまざまな事情で「おっきい討伐」に出る回数が少なく、お金がなかったので披露宴もしていません。ほとんど妻に拾ってもらったようなもんです。

そして、子ども。これは、僕だけの判断ではここに書けないことがあります（どの家族もたいていそうです、親は何もかも子に言うわけではない）。大人はこれまでの人生が長かったぶん、色んな思いを胸に刻み、生きています。

何にせよ、**何が起きるか分からない。**

だから今は悩みすぎず、**あなたが今できることに集中してください。**どう転んでも、資本主義社会において、あなた自身の商品価値（「労働」も市場で取引される商品なのです）を高めることはマイナスにはならない。よく学び、鍛え、心身ともに健康であろうと努めてください。そして、たくさんの経験をしてください。これは『ちいかわ』の世界でもほぼ同じです。食べ物が勝手に沸いてくる場所はありますが（生活保護？）、油断していたら飢えるし、拉致されるし、襲われるし、たやすく死んでしまいます。そして変なゲームセンターで遊んでいたら、身体まで入れ替わる（笑）

そういえば僕は「おっきい討伐」のとき、緊張すると、たまに手をグーにして胸にポンポン当てます。いるよ。ここにいる、と。心のなかに生きている色んな人とともに、戦いに出るのです。可哀想に！さん作『おぱんちゅうさぎソング』では、「悲しい時の魔法 手をグーにして胸にポンポン当てる 赤くなったら冷やせばいいよ」「悲しい時の魔法 手をグーにして胸にポンポン当てる アザになるまで」と歌っていますが、あれが大流行する意味がよく分かります。皆、色々あるんです。

あなたも色々あるはずだし、これからはもっと増える。だから、このえげつない資本主義社会、もっと言えば男女共同参画《さんかく》社会などと謳いながら全然達成できていない現実社会において、「将来のビジョン」を明確に立てることはできないのです。

たしかなことは、目の前にある小さな目標の積み重ねと、将来の妄想に近い夢。妄想でいい。思いっきり理想の夢のことを考え、ワクワクしながら、自分自身を磨いていってください。

がんばれ、がんばれ。

追伸：国際連合で「女子差別撤廃条約」（1979年）が採択され、その批准《ひじゅん》に伴い中曽根康弘内閣で「男女雇用機会均等法」（1985年）が制定されました。その後も小渕恵三内閣で「男女共同参画社会基本法」（1999年）が、安倍晋三内閣で「女性活躍推進法」（2015年）がそれぞれ制定されていますが、実情は全体の1割しかいない女性衆議院議員の数を見ても分かるように、終戦直後からあまり変わっていません。さすがに、旧民法で女性が法的に「無能力者」とされ、選挙権・被選挙権もなかった戦前とは違いますが。ただ、それらにしてもGHQのマッカーサーが「五大改革指令」の1つとして「婦人の解放」を指令したから、という外圧の結果に過ぎません。女性解放運動も、戦後のアメリカ発「ウーマン・リブ」の影響が大きいです。

これまでの人生で、その状態の解決に何かできているわけでもない僕が、にわかフェミニストのふりをするつもりはありません（ミソジニストではないつもりですけど……）。

男女共同参画社会については、日本で皆が考えなければならない、大きな課題です。そして世界では、19億人もいるイスラーム教徒（ムスリム）の人たちのように、異教徒の僕らからすれば仰天するような女性への抑圧が当たり前、といった価値観も存在します。非常に難しい。だから、とにかくまず現状を認識することが大切。それを若い段階からちゃんとできているあなたは、正直まともだと思います。

こちらも色々と考え直す、よい機会となりました。本当にありがとう。

好きなことを仕事にする

Q13

私は自分の好きなプロレスに関わる仕事をしていて、とても充実しております。伊藤先生は、好きなことを仕事にすることについてどのようにお考えでしょうか。

22歳・スタッフ

まず、仕事をする人＝プロと定義したうえで。理想としては「好きなことを仕事にする」のは素敵ですが、現実としては**「向いてることを仕事にする」ことのほうが大切**だと思います。

それはなぜか？ **お客にとって迷惑になる可能性があるから**です。料理が好きだけど不味《まず》いとか、歌うことが好きだけどオンチとか。これはプロとしては失格でしょう。例えばジャイアンが歌手になり、しずかちゃんがバイオリニストになったら迷惑ですよね。現状のジャイアンは格闘技の選手か青果店の2代目、しずかちゃんは看護師か温泉旅館の女将などが向いているように思えます。

では、「向いてること」は何を根拠に判断するのがいいのでしょう？ それは、「身近な人たちからの評価」です。自分は○○が大好きであわよくば将来……などと知らない状態の家族や友人たちから、ふと「○○に向いてるね」などと言われれば、職業にして結果が出る可能性アリです。

例えば僕は、人前で話す講師がメインの仕事です。少年時代、父の部下だった19歳のお姉ちゃんが家に来たとき、「めっちゃ面白い！ 喋る仕事に就いたら絶対売れるって！な、そうしよ？」と言われたことは大きかった。さらに僕は、38歳の初出版以来、52歳の現時点で80冊以上の本を出すほど物書きの仕事にも力を入れています。これは、中学・高校時代に読んだ北杜夫《もりお》や栗本薫《かおる》〔中島梓《なかじまあずさ》〕の影響ももちろんありますが、23歳のとき、勤務先の塾で自作テキストに「はじめに」を書いたところ、生徒さんや同僚の人たちに「面白いから早く次書いて！」と言われたことのほうが決定打でした。

このように、仕事にする以前の「身近な人たちからの」向き不向きの評価は大事です。仕事を始めてからそれを判断するのでは遅すぎます。**お客はあなたの実験台ではない**からです。

さらに話を進めましょう。このようにして他人から言われた「向いてること」と、もともと自分が「好きなこと」をハイブリッドにして仕事にしている人が最強です。向いてるだけの人と比べて、好きでやってる人は仕事の「格」が違います。「格」というのは、ゴキゲンな人だけが身に纏《まと》えるオーラなのです。

好きでやってる人は、常に腕試しをしたいと思っています（＝向上心）。ある段階において、負けることを厭わず挑戦していく。勝負を避けてただ上手く立ってる人よりも、何度倒れてもイイ顔で立ち上がる人こそ、応援したくなるもの。その応援を背中に受けるからこそ、オーラが出るのです。

あなたも現在、好きな仕事を始められました。でも、胸に手を当ててみてください。何かと比べて職業を選んだのなら、それは相対的に好きなだけで、絶対的に好きなわけではない。ズバリ消去法です。そういう人はおそらく今後、負けないように、自分がより輝ける場所を選んで移動していくことでしょう。でもそれは、倒れないように上手く立ってるだけでは？

いや違いますよ、と言うのなら。

仕事を始めたばかりで僕にこんな質問はしないでしょう（笑）　近い将来、相対的に選んだ業界・会社で学べるものを学び尽くしたら、そしてワーク・ライフ・バランスを考えたとき、ワークに重点を置く気持ちがあるなら。自分が本当に好きな仕事に向かっていってください。

そのとき、育ててくれた業界・会社に恩返しを忘れずに。以上！

追伸：厳しいようですが、気迫が足りない。この解答を書くのにずいぶんと時間がかかりました。気乗りしなかったからです。たしかに男子が女子プロレスの業界に飛び込むのは、勇気の要ること。背中を押してほしかったのかもしれません。でもね。あなたが本当に聞きたいことは、おそらく他にあるはず。折角のご縁です、いつでも聞きますから、遠慮せず連絡してください。

「全部やる」ために

Q14

「全部やる」ための精神力の保ち方を教えてください。

24歳・女優／大学院生　向井花さん

欲張りですねえ。

でも、それでいい。俳優などという「見られる側」の仕事は、命の次に大事な時間とお金を人様に使っていただく仕事です。〝普通〟では誰も見てくれません。「**奇形・変種＝化け物〔freak〕**」でなければ、ね。

読者の皆さんは、ずいぶん馴れ馴れしい対応だと思われたかもしれません。

質問者は、僕のスタディサプリの元生徒さんであるだけでなく、2018年10月から6年半続けた調布FMのラジオ『伊藤賀一のPM11』の後継として、2024年4月から『向井花の初花《はつはな》11』を任せた仕事相手でもあるのです。しかも僕は、2019年の6月から2020年の2月のあいだのみ、（普段はスタサプとの利益相反を避けて封印している）大学受験生向け生授業を月に2回行っていたことから、彼女は僕にとって最後の生授業の生徒さんでもあるのです。地元・香川県で女優として活動していた彼女は、現役時には第一志望の早稲田大学に合格できなかったため、上京して先述した「最後の生授業」を受講してくれていた、という次第です。

さて。「全部やる」ための精神力の保ち方の根本にあるのは、まず「**見られる側を選んだからにはどんな孤独にも耐えてみせる**」という気概です。「奇形・変種＝化け物

〔freak〕」であることを貫く。僕のような講師・物書きも同じです。

英語の得意なあなたです。freakの他の意味も知っていますね。そう、「〜の熱狂者」「麻薬常習者」などです。一時的にお客を熱狂させ、酔わせなければいけない人は、自らその仕事に熱狂し、ハマって、いやキマってないといけない……。

ところが、もう1つ意味があります。それが「気まぐれ」。あなたの仕事に対するベクトルは心配していません。幼いころから女優志望で、小6時の離島留学先・種子島に「将来の夢は女優」と壁画（?）を残しているあなたが、それを見失うはずがないから。主演映画だって、大学入学までに『カンカンSUN』『いただきガール』の2本があるほど。

と、ここまで書いて、あなたの宣伝は終わり（笑）つい先生としてのおせっかいが出てしまいました。さて、解答の本丸だ、厳しくいきましょう。

「気まぐれ」とどう付き合うか。 自分自身の場合はいいんです。「気まぐれな自分」もまた多角的な視野や経験値となり、女優という商売に活かせるから。僕だって異常な「気まぐれ＝飽きっぽい」人なので分かります。こうやって人の相談にも乗れるので、いい意味での集中力のなさは今さら後悔していません。

ここで重要なのは、**人の「気まぐれ」に振り回されてしまうことへの対処法**です。

あなたは、僕がTVや講演関係の大きな仕事を、直前になって理不尽な理由でいくつも失ってきたことを知っていますね。事務所に所属していない単独フリーランスあるあるとはいえ、まあ普通に考えればひどい話なわけです。そして小さな事務所に所属するあなたも、いや、所属先も規模も関係ないか、ごく普通に、あなたも僕と同じような目に何度も遭ってきましたね。そういう「口約束」を守らない人は「見られる側」の業界には本当に多いのです（僕は〆切以外の約束は守る……ああ……自己嫌悪）。

「全部やる」は、やりたいことがたくさんあるから出てくる発想です。これを転換して「**やりたくないことはやらない**」にする。これは、やりたくないこと以外は「全部やる」という意味が自動的に含まれます。マインドセットはその程度でいい。

「全部やる」ではない、「やりたくないことはやらない」。それは1人で決める孤独な決断。その孤独を背負いなさい。それだけでいいんです。

才能やセンスを信じ、適切な距離であなたを見守る。ただただ、ここにいる。そういう人が家族以外に1人でもいれば、「見られる側」の人は、それだけで生きていける。

その1人はここにいます。がんばれ、がんばれ。

追伸：『ラカン入門』（ちくま学芸文庫）の作者である精神分析家・向井雅明先生の長女であるあなたに、僕などがマインドセットに関する解答をすること自体、おこがましいものだと解っています。それでもなお、少しでも役立ちたいと思う、その根底は、元生徒さんだから、何度も仕事をともにしてきた人だから、ということではありません。

まずあなたは、「好きな仕事」かつ「向いてる仕事」を選んだ「本物」です。「似せもの」や「偽せもの」とは「格」が違う。ここが最低ライン。

ではどうしてか。縁でも私情（痴情）でもない。それでも役に立ちたいと思わせる。それがfreakなんですよ。自分も狂っていて、相手も狂わせる。ともに中毒だ。

ガンギマリ。

これでいいんです、人生は一度しかないんだから。「キマる覚悟はあんのか？」「ああ、あるよ」、これが本当の人間関係ってもんです。

死ぬまで熱狂していたいねえ。

追伸の追伸：宇多田ヒカル『ＢＬＵＥ』を先に聴き、次にコブクロ『桜』を聴いてください。あなたのイライラと、それを昇華させる可能性が見えるでしょう。

そして、以前から勧めている東村アキコ先生の漫画『かくかくしかじか』（集英社）全５巻を今こそ読んでください。僕の言いたいことがよりよく伝わります。

特に『かくかくしかじか』は、平成を代表する傑作。ぜひ。

Q15

いじめとどう向き合うか

中学生のころ、私はいじめられていました。はじめは悪口を言われたり無視されたりして、ひどくなると上履きが下駄箱の外へ投げられていたり、持ち物がなくなったり、靴を隠されて学校から帰れなくなったりしました。机に「イキるな死ね」と書かれていたこともありました。本当に辛かった。苦しかった。死にたかった。担任の先生には当初から相談していましたが真剣に向き合ってもらえず、両親は「進路に影響が出る」と言って学校を休ませてくれませんでした。

新学期を迎えてクラスが変わると友達にも恵まれましたが、いじめの経験がトラウマとなっていたため、スクールカウンセラーの方に相談しました。すると、「そんな状況でも毎日笑顔で学校に来ていたなんて女優だね。その才能を磨こう！」と言われました。

なぜ悪口を言われたのか、靴を隠したのは誰だったのか、私の何が悪かったのか。知りたいことは山のようにありましたが、相談した大人たちは誰も相手にしてくれませんでした。さらに、自傷行為をしていた別の生徒には先生も親身になっていることを知り、じゃあ私も目に見える傷を負えばいいのか、と考えたこともありました。

高校生になり、それなりに充実した生活を送っている今もなお、どうすればいじめられなかったんだろうと考えて苦しくなります。どうしたらこの気持ちは抜け出せますか？　私はあのころのいじめと一生付き合っていかなければならないんでしょうか？

15歳・高校生

本当は、この本の相談内容は41個すべて、いったん決まっていたのですが、あなたのものを第1章の最後に入れることにしました。編集担当・袴田さんと2人でそう決めました。15歳のあなたは「過去のいじめとどう向き合うか」と相談してくれています。なのに、中身を読むと、大人が「向き合う」勇気がある人です。なのに、中身を読むと、大人が「向き合ってくれなかった」と書いてあります。いじめだけではない、そのことに二重に傷ついた。

自らに突き刺された刃物を素手で握り、さらに深く抉るかのように書かれたこの相談を採用しなければ、大人に対して「やっぱり」となるだろう。すでに「がっかり」してきたのに、そんなことはするまいと思い、今、答えようとしています。

まずは、本当にありがとう。よく相談してくれたね。直接会ったこともない僕を選び、しかもそれがこうして本の中身になることを分かったうえで。

担任の先生、ご両親、スクールカウンセラーは、まともに向き合ってくれなかった。あなたはひどく傷ついて、今、ここに来ている。次の場所なんてない。せめて、真剣に向き合おうと思います。

「私も目に見える傷を負えばいいのか」という部分に、あなたの苦悩が凝縮されているように感じました。心の底にトラウマとして残り続ける傷。

あなたの相談に対し、無意識に自己を守る働きである、フロイト（オーストリアの精神分析学者）の**防衛機制**の話をしても、本来は意味がありません。そんなことは重々分かっていますが、僕は倫理という科目の講師でもあるので、その立場を利用して答えますね。僕は僕の持つ知識や経験からしか答えることができない。ならばすべての引き出しを使います。少し長くなりますが、辛抱して聞いてください。

話を聞いてくれなかった中学の担任の先生は論外として、ご両親はあなたに「合理化」と「逃避」を勧めてしまった。合理化とは、もっともらしい理由や理屈をつけて正当化することで、逃避とは、解決を目指さずに空想の世界や他の行為などに逃げ込むことです。

たとえ世界が滅びても絶対に味方してくれるはずの、生みの親、血のつながった家族から、そんな答えが聞きたかったわけではない。「あなたを愛している、自分たちは必ず味方する、だから一緒に考えよう」と、ただ言われたかったはずなのに……。

そして、スクールカウンセラーは、これもあなたと向き合わず、明るく呑気《のんき》に「昇華」を勧めた。これは、諦めきれない感情・衝動や攻撃性を芸術・スポーツ・ボランティアなどのより社会的価値が高い活動に転化して情熱を向けることです。

このタイプの解答にならないよう、今も気をつけて書いているくらい、教育関連の仕事に就いている人が陥りやすい状況です。人の質問を利用して、自分の言いたいことを言って気持ちよくなるタイプの大人。そこら辺に、掃いて捨てるほどいます。担任とご両親の対応に「がっかり」していたあなたが、それでも勇気を奮い起こして縋《すが》ったにも関わらず「やっぱり」と思わせ、絶望に追い込んだ、笑えない3段落ちのラストが、このカウンセラーでした。

「溺れる者は藁《わら》をも掴む」ということわざがありますが、ここで大事なのは、掴もうとしているのは所詮《しょせん》「藁」であることです。さて、あなたは藁を握りしめながら絶望の淵に沈んでいる。会ったこともない僕にできることはあるのだろうか。ここまで書きながら、また思いました。僕は第2のカウンセラーになるだけでは？

でも、続けるしかない。ごめんなさいね、小さな大人の気持ち悪い自問自答だ。でも、第1のカウンセラーにこういう気持ちはあったのだろうか？　とも思います。

続けます。

ご両親から「合理化」と「逃避」、カウンセラーから「昇華」を提案されて絶望したあなたに、他の防衛機制を一応紹介しておきましょう。

「抑圧」は、気持ちを抑え込み、不快な記憶を残したり自責の念に駆られたりしないようにすること。あなたはこれをしてきたわけです。そして、高校生になり、それなりに充実した生活を送っていると書いてありますが、それは「反動形成」なのかもしれません。これはあえて反対の行動をとり、好ましくない感情を抑えることです。残りは「同一視（他人が持つ能力・長所・価値などを自分が持っているかのように思い満足する）」「投影（自分自身では認めがたい感情や欲求を相手に投げかけ、相手こそがそれを持っていると思い込む）」「退行（満たされないので子どものような態度をとって甘える）」「代償（類似する代わりのもので満たされようとする）」で、それぞれこれから経験するかもしれません。

以上、9つある防衛機制を列挙しました。**くだらないでしょう？**

なぜか。そもそも防衛機制は、心の安定が失われた場合に自動的に働く一時的な適応に過ぎず、「解決した」「乗り越えた」ことにはならないからです。根本的な解決をするためには、状況を冷静に認め（これはすでにできている）、気持ちを上手く抑制・調整し（これも表面的にはやってきた）、適度なストレス発散（たぶんやっている）や耐性（トレランス）を身につけつつ（ついている）目標の達成を図る**合理的解決**が必要だからです。

と、書くのは簡単。でも、やるのはとても難しい。これが19世紀後半〜20世紀前半のオーストリアの精神分析学者（しかも創始者）、フロイトの意見です。

整理しましょう。

あなたは自分自身と向き合って、この世界で何とか（いや、たくましく）生きていこうとしている。これは「適応行動」です。**合理的解決**（努力したり回り道を考えたりと、**理性**で現実的に解決する）、**近道反応**（八つ当たりや復習など**感情**に任せて衝動的行動をとる）、**防衛機制**（**無意識**に心の安定を保とうとする）のすべてをあなたは経験してきた。

そして、「不適応行動」である**失敗反応**（非行に走ったり神経症になったりする）を避けてきた。

よくがんばってる。

「本当に辛かった、苦しかった、死にたかった」と書いてきたあなたは、僕が今書いたこれらを、すべて経験してきたんだね。それだけは痛いほど分かる。そしてそれは、フロイトやユング、ジャック＝ラカンといった有名な精神分析学者の説を並べるだけでは解決できない。

「がっかり」を通り越して「やっぱり」と思っているあなたに何ができるだろうか？　無力感に絶望しています。

僕には、ある1人にしか勧めたことがない、とても大事にしている本があります。それは令和に描かれた、今とほんの少しの未来を描く漫画なのですが、本当にとても大事にしている。だから、色々と悩んでいた、大事な生徒さんだったその人に勧めた。

ヤマシタトモコ先生の『違国日記』（祥伝社）全11巻です。

「砂漠を往く人に　いったい何を　与えられるだろう」
「どんな水を　どんな日陰を　どんな上着を　どんな言葉を　どんな眼差しを」
「ひとり砂漠を歩く人に　いったい何が助けになるだろうか」
「砂漠を抱えて生きる人に」

（page52. より引用）

それは、この本の編集担当・袴田さんでした。

よくここに相談してくれた。あなたには僕ら2人がついてます。役に立つかどうか分からないけれど、「やっぱり」とは思わせないつもりで、ここにいます。いつでも、何でもいい。何かあっても、なくてもいい。ここにいます。

あなたが笑って暮らせますように。

追伸：この終わり方じゃあ、何の解決にもなっていませんね。でも、僕は『違国日記』全巻を勧めるくらいしかできない。あなたと、僕と、編集担当・袴田さんの3人をつなぐ何かが欲しかったからです。読んでみてください。

もしあなたに合わなかった場合、僕がお金を払います。青月社さんに連絡してくださ い。もしくは僕の公式HP https://www.itougaichi.com/「お問合せ」フォームに。

追伸の追伸：あのね。「許そう、しかし決して忘れまい」という言葉があるんだけど。これは第二次世界大戦で日本から被害を受けたシンガポールの建国者・初代首相のリー＝クアンユーの言葉です。

これを、いじめた相手や、向き合ってくれなかった大人に対して使うのではなく、あなた自身に使ってほしい。

自分自身を責めることもあったと思う。なぜあのとき、こういう態度をとれなかったんだろう、こう言えなかったんだろう、とか。

そんな自分を許してください。あなたは何も悪くない。

そして、忘れられないから悩んでいる。そんなあなたを、僕らは後ろ向きな人だと思わない。全く思わないよ。

あなたはあなたの思う場所で、価値観で、生きてくださいね。

2　あなた（と）のこと

他者と関わること。それは、好きになったり、嫌いになったりすること。あるいは、そうした感情を抱くことさえ煩わしいと感じること。近づきすぎると衝突するし、離れすぎても上手くいかない。お互いにとって心地よい距離感を探る旅はどこまでも続く。

そうやって困難を積み重ねて気づくのは、結局のところ、人は独りだということ。

Q16

お悩み相談のその後

まさに、この「お悩み相談」。私も答える立場としてお仕事をいただくことが、まれにあります。私自身がどちらかと言えばポジティブに考える性格で、あまり悩まないため、私のポジティブな回答が相談者様を余計に苦しめることにならないか、悩んでいる相談者様にきちんと寄り添えている（いた）のか、あとあと「あれでよかったのかな」「元気かな」と気になってしまうことがよくあります。ですが、お返事するときには、やはり自分が思ったようにお伝えしています。

以前、友人からの相談に対して真剣に返事をしていたら「そんな正論ばかり言わないで」と言われてしまったことがあります。相手の気持ちに寄り添えていなかったことを反省はしましたが、「これが私か」とも思い、それ以降もお返事のスタンスは変えていません。ですが、この機会に「これはよいのでしょうか？」と、お悩み相談スペシャリストの伊藤賀一先生に伺ってみたいです。

47歳・予備校講師　岡本梨奈先生

いやセンセ。これ、まさに第1章の最後に悩み倒していた話題ですわ……。さすが長い付き合いの我々、気は心やね。せやから一緒にM-1グランプリの予選に出よ、て言うてんのに、毎年全然乗ってくれはらしませんやん。来年こそ……え？　あ、はい、すんません。調子乗りました……。

読者の皆さんに説明しないといけませんね。

スタディサプリ古文・漢文担当の岡本梨奈〔オカリナ〕先生は、京都・洛南高校出身の僕に対して大阪・千里高校出身で、界隈では「京阪《けいはん》」コンビ扱いされている関西人どうしなのです。年齢は僕が5歳上ですが、ともにスタサプ国語科・社会科の立ち上げメンバーです。実家の父母も一緒に女子プロレスを観に行ってもらったこともあるほど仲がいい（？）ので、今回は気易く答えたいと思います。

先生もご存知のように僕もかなり前向きな性格で、**唯一ある悩みが「悩みがないこと」です**。そんな状態で共感性に乏しいのに、スカパー！のDHCテレビ、その後はSBクリエイティブのチャンネルで悩み相談番組を担当し（先生もそれぞれご出演いただきましたが）、今回こんな本まで出してしまうほど、相談ばかりされてしまいます。

というわけで、34年にわたる講師生活で得た経験値から、2つお話しますね。

1つめは、**話しているときに、相手のことだけ考える。**まずはこれが鉄則です。後ろに何人並んでいようが、帰りの新幹線の終電が心配だろうが、教務や他の先生の目が気になろうが、です。これが皆、意外とできていない。

こんなの、オカリナ先生はできている人だと分かっています。コロナ禍直前に開催していたスタサプの合格祝賀会で、講師の我々にはテーブルが用意されていました。卒業生たちがズラッと並んでサイン待ちをしてくれていたとき、立って応対していたのは我々2人だけでしたね……。

僕はあの後、会社にきつく言いました。「気を遣っているつもりか知らないが、講師に椅子など要らない。お客を立たせておいて、座ったまま応対する商売がどこにある？」「我々は教育者ではない。大学卒業資格である学士という資格試験の講師、すなわち教育サービス業者でしょう。勘違いさせてはいけない」と。

さすが打てば響く元祖メガベンチャー。意見はすぐに反映され、次年度から椅子はなくなりました。担当者さんが本気で受け止めてくれたからで、これぞリクルート名物「ATI〔圧倒的当事者意識〕」の賜物《たまもの》でしょう。

あのとき、（英語の関正生《まさお》先生は欠席だったから別として）このような感覚を共有できている唯一の講師どうしですから、オカリナ先生が話している相手のことだけ考えているのは重々分かっていて、あえて書きました。

2つめは、「**そこに愛はあるんか？**」です。愛fullなオカリナ先生にこんなこと言うのもおこがましい限りですが、結局はこれに尽きると思います。

コロナ禍の前、大阪・スタンダードブックストアの中川和彦社長主催のイベントで、先生とは2度、ご一緒させていただきました。その際、終了後の食事会や飲み会にもご出席いただいたことで、幻冬舎の袖山まいこさんや小木田順子さん、河内小坂《かわちこさか》の栗林書房さんや鶴見の正和堂書店さんとのつながりができたことを覚えてらっしゃいますか？　お互いどんなに忙しくてもすぐに帰らず、出版文化を支えよう、という**思いを同じくする人たちと「共に時間を過ごす」**ことの連帯感。誤解されがちですが、それは寝技ではなく立ち技なんですよね。

あの空間が愛です。そう、「愛がいちばん」。あ、見て見て、この言葉のなかに「がいち」入ってますやん（笑）

以上、先生は今のままでいいです。ちゃんと生徒さんに伝わっていますよ。

追伸：父の通夜の日はスタサプの合格祝賀会と重なっていました。その日、先生が黙って黒い服で参加してくれたのを見て、黒スーツの僕は、心のなかで手を合わせました。何も知らない卒業生たちは「ガイチ先生とオカリナ先生、色もお揃いで本当に仲良しなんですね！」と無邪気に笑っていましたが、僕はそのやさしさを忘れません。急いで京都に移動して通夜に間に合いましたが、密かな喪服の後ろ姿の写真を見せると、母も涙ぐみながらお礼を言っておりました。本当にありがとうございました。

読者の皆さん。

このように、岡本梨奈先生はとても愉快で、かつ人に誠実に向き合う、やさしい先生なのです。そして、そういう人ほど、悩み相談を受けることに慎重で、それでも悩みながらできる限りの答えを探し続けているのです。

人を惹きつけるトーク術

Q17

先生のように、人を惹きつけるトークができるようになりたいです。何か秘訣はありますか。

21歳・学生

質問ありがとうございます。これは毎度、聞かれることですが、授業や講演の上手い下手に直接つながる内容かと思います。

僕の肩書の1つとして、著書『世界一おもしろい 日本史の授業』（KADOKAWA）の名前からとった「世界一おもしろい」があります。本当に世界一かは別として、命の次に大事な時間とお金を使って受講してくださるお客に対し、funnyかつinterestingな講義を提供するのは当然です。これらの要素は、どちらに偏ってもいいと思っています。とにかく「**あっという間に時間が過ぎた**」と感じてもらえば、それでいい。

ちなみに「あっという間」という部分に関して僕と比べることができるのは、ベストセラー『世界一わかりやすい英文法の授業』（KADOKAWA）の名前からとった「世界一わかりやすい」を肩書とする、関正生先生だけだと思います（他の要素は正直ほぼすべて負けていますが、この部分に関しては並んでいるかと）。

こう書くと、我々がマウントを取っているように見えるかもしれませんが、そもそも授業や講演の上手い下手は、歌の上手い下手と似ていて、例えば僕が国語や理科の授業をしようが、関先生が数学や社会の授業をしようが、すぐに業界の2番手くらいにはなります。多少の得手不得手はあっても、ジャンルなど関係ない、根底の部分なのです。

では、具体的に質問に答えましょう。昭和時代末期に一世を風靡《ふうび》したアメリカ人プロレスラー・ブルーザー＝ブロディ曰く、どんな職業でも、プロの定義は5つあります。1つめは、**準備できる体力**（フィットネス）。2つめは、**アドリブの連続に耐えうる頭の回転**（クレバー）。3つめは、**仕事を続ける体力**（タフネス）。4つめは、**圧倒的な技術**（テクニック）。5つめは、**気持ちの高さ**（ハイ・スピリット）。

僕はトップの要素として、6つめを加えて考えています。それは、**アウェーをホームに変える魅力**（チャーム）です。1〜5はプロなら揃っていて当たり前。1つでも欠けたなら、僕はその日に引退します。そのうえで、あなたの質問にある「人を惹きつける」という部分が、この6つめです。

もし、あなたが何かの業界でトップと呼ばれるようになりたいなら、まず1〜5を順に揃えてください。1は知識、2は経験、3は体力、4は技術、5は心意気。たいていは1の段階でつまづいてしまい、それを飛ばして4を手に入れようとし、5があるように錯覚してしまいますが。1の知識を揃える気がない人は、5の心意気がないのと同じです。

5まで揃ったとき、6があるかどうかはあなたが気にする必要はありません。

なぜか？

最終的な評価はお客が決めるからです。そして、その評価から逃げないこと。「見られる側」にできるのは、それだけです。

がんばってくださいね！

追伸：どの業界でも「出そうと思えば人気は出るが自分はやらない」という自称本格派がいます。その人たちは根本的に「客なんてどうにでもなる」と偉そうに勘違いしているから、その程度なのです。お客を舐めてはいけない、バカじゃないんだから。

追伸の追伸：何だか授業や講演が上手い前提で話を進めているので気に入らない人もいるでしょうが、それはお客が決めること。正直、僕自身は授業が上手いとは思っていません。特に映像授業は極度に苦手です。それでも授業が相対的によし（いや、よろしかな……）とされているので今の位置にいます。そこを悪びれる必要はない。

正直、授業が一番上手くてすごいのは関先生です。映像授業しか知らない人が多いから「賛否両論ある」とか同業者によく言われていますが、ほとんどの人はレベルが低すぎて、彼と自分との差に気づけない。まずは差が分かるステージまで上がってくればい

いのに、と思っています。僕や岡本梨奈先生や肘井学先生は、つねに関先生と比べられて大変なんスよ……（涙）

悔しくないの？　と聞かれることもありますが、悔しいも何も、評価はお客が決めること。タダの事実です。あ、授業は完敗ですが、講演で負けるつもりはありません。それは関先生が最もよく知ってる。

僕は、授業に関しては最終到達点が世界で2番でもいい。すなわち、彼の次でいい。その代わり講演は世界一を目指します。

あなたも、こう素直に思える相手を見つけてください。

知識の身につけ方

Q18

賀一先生の講演会に参加した際、先生のジャンルを問わない知識量に驚きました。そうした知識は、意識して覚えていらっしゃるのか自然と頭に入ってくるものか、どちらでしょうか。

21歳・学生

前項で扱った土台の5つの最初＝**知識のインプット**。ここがなかったら話になりません。昨今グループワークやプレゼンといったアクティブラーニングや、質疑応答に主眼を置く双方向型・対話型（＝インタラクティブ）講義が流行していますが、インプットを定着させるのにアウトプットが有効なだけですから、順番を間違えてはいけません。43歳で大学に再入学して痛感しましたが、**前提知識のない者どうしのグループワークなど時間の無駄どころか人生の無駄遣い**です。

さて、毒舌はここまでにして。ここでは自分なりのやり方を、毎日・毎週のルーティンに限り答えてみますね。全くのアナログで驚かれると思います。

まず、**「紙の新聞」**を読むことです。一覧性があり、各ニュースが勝手に目に飛び込んでくるのと、スマホ内で他に気を散らさないようにするためもあって、僕はあえて紙にしています。全国紙4紙＋日経はさすがに読めないので、適度に左右に散らしています。

中道左派「朝日」の朝夕刊を月ぎめ講読して家族で読み、ホテル宿泊時は中道右派「読売」を部屋に入れてもらいます。週に3～4日は東京か横浜で外泊しているので、これで半々。ここに駅売りの経済紙「日経」を加え、資本主義社会で生きる立ち位置を確認します。そして週1くらいで中道左派「毎日」で独自スクープをチェックし、左派「東京（中日新聞東京版）」で左巻きの世論とドラゴンズファンの動向を押さえ、精神と身体が左に傾きすぎたなと思ったときは右派「産経」を読んで、左右のバランスを取ります。

もちろん地方出張時にはブロック紙か地元紙を買います。ブロック紙は、北海道なら北海道新聞、東北なら河北《かほく》新報、九州なら西日本新聞といった塩梅《あんばい》です。地方紙の好みは新潟日報・信濃毎日新聞・高知新聞で、とてもクオリティの高い地方紙だと思います。実家に泊まると京都新聞がありますし、沖縄では琉球新報と沖縄タイムスを両方とも必ず読みます。さらに朝日系の日刊スポーツで格闘技を押さえ、読売系のスポーツ報知で巨人、毎日系のスポーツニッポンでアメフト、産経系のサンケイスポーツで芸能ニュース、お笑い系の東京スポーツ（中部では中スポ・関西では大スポ・九州では九スポ）でプロレスとバカネタと風俗情報（行きやしませんが世相観察）など。このくらい僕は「紙の新聞」を重視しています。

次に「**週刊誌**」を読みます。これも紙です。週刊現代（講談社）・週刊ポスト（小学館）・SPA!（扶桑社）・週刊文春（文藝春秋）・週刊新潮（新潮社）・週刊プロレス（ベースボール・マガジン社）は欠かせないルーティン。そこにAERA（朝日新聞出版）と週刊プレイボーイ（集英社）が表紙次第でよく混じり、移動が長い出張時に週刊アサヒ芸能（徳間書店）・

週刊大衆（双葉社）を読み、コンビニで見かければ月刊誌の実話ナックルズ（大洋図書）や実話BUNKAタブー（コアマガジン）どころか隔月刊誌の実話BUNKA超タブーまで読んでいます。週によってはFRIDAY（講談社）やFLASH（光文社）も。

さらに漫画雑誌として、ビッグコミック・ビッグコミックオリジナル・ビッグコミックスペリオール（小学館）、コミック乱・コミック乱ツインズ（リイド社）、女性漫画誌のK・issとBE・LOVE（講談社）、ココハナ〔cocohana〕（集英社）、フィール・ヤング（祥伝社）、姉プチ（小学館）が定期購読と、趣味が偏っています。学習参考書の著者のくせに、モーニングに連載している『ガクサン』（講談社）はリアルタイムで追いかけないのか？と思われるかもしれませんが、あえて単行本が発売されるまで待つ楽しみを優先しています。少年漫画誌とヤング漫画誌についても同様です（なぜビッグコミックスピリッツがないんじゃ！という怒りも分かりますが、これは趣味嗜好ですから……）。

以上、**3つの紙媒体によるルーティンのインプット**を提示しました。もちろんその他に多数の本は読んでいますが、毎日・毎週のルーティンとしてはこれ。

もうお腹いっぱいかもしれませんが、もう1つだけ書きます。僕にこんな質問をしたあなたが悪い（笑）

インプット欲を上げるには、その装置となる「**原インプット**」が必要になります。それは「**スイッチを入れる**」と同義で、僕にとっては**アレクサンドル=デュマ『モンテ・クリスト伯**』（岩波書店など各社）でした。黒岩涙香《るいこう》が翻訳というよりも翻案した『巌《がん》窟王《くつおう》』としても有名なこの作品は、主人公エドモン=ダンテスが孤島の要塞シャトー・ディフの地下牢に20歳～34歳の14年のあいだ、無実の罪で幽閉される話からスタートします。絶望し、餓死による自殺まで決意しますが、互いに掘った穴でつながることのできた隣の独房のファリア神父から文武あらゆる指南を受け、際立つ知力・マナー・体力・武力を備えた超一流の紳士となります。

のち、モンテ・クリスト島に隠された財宝の場所も遺言で受け取り、エドモンは麻袋に入れられた神父の死体と入れ替わり、海に投げ入れられ、密輸船に拾われ、自分を陥れた3名（フェルナン〈モルセール伯〉・ダングラール・ヴィルフォール）に復讐していくのです。ああ、世界にこれほど魅力的な小説が他にあるでしょうか！

なかでも僕が大事にしている、有名なダンテス〈モンテ・クリスト伯〉のセリフがあります。

「**待て、しかして希望せよ！**」です。

辛抱して待って、待って、待って……決して希望を捨てるな、ということ。僕は1991年、

18歳の春に上京して34年経ちますが、紆余曲折を経て、初の著書は2010年秋、38歳のときでした。その後はダンテスと同じ14年間、雌伏雄飛だと思い地下牢にいる気持ちでやってきましたが、まだそこから脱出できていません。途中、知り合った何人かのファリア神父（概念）から文武にわたり指南を受けてきたことはたしかです。今に見ていてください、必ず恩返しを……と、毎日毎晩思っています。

僕にとって「待て、しかして希望せよ！」は、まさにスイッチなのです。もしかしたら僕の生徒さんにとっては、スタディサプリの講義や自著がそうなのかもしれません。本書もそうなればいいと思い、今あなたの質問に答えています。

しかし、もとのコンセントが抜けていては意味がありません。そう、**本人の根底から湧き上がる気合・気迫次第**なのです。まずは第一段階である知識のインプットから。

がんばれ、がんばれ。

追伸：僕にとって、現状のファリア神父（概念）は元外務省主任分析官・作家の佐藤優《まさる》さんです。共著もご一緒させていただいていますが、この人は「本物」の漢です。絶対に忙しいなどと言い訳をしない。常に「今が正念場なのだ」と思わせていただける貴重な存在です。

2024年3月、早朝に父が亡くなったとき、最も早く連絡が返ってきたのは一番忙しいはずの佐藤さんでした。しかもおざなりの返信ではない。ここには書きませんが、とても誠実で思いやりのある、自らのお母さまを亡くされたときの体験まで踏まえられたメールでした。僕は母から連絡受けたときは意外と何ともなかったのですが、ここで初めて涙が流れました。

その日の午後、ザ・キャピトルホテル東急での対談時、早くからご本人が押さえられた個室で佐藤さんは1人待っておられました。そして、僕が部屋へ入ると、編集者さん・ライターさんと連名の（どう見てもすべて佐藤さんの筆跡です）香典をサッと出され、丁寧なお辞儀と何とも言えないまなざしでお悔やみの言葉を受けました。そのとき、ああ僕は今、自分なりのファリア神父を前にしているのだ、と確信したのでした。

年齢もひと回り上に過ぎず、まだまだご健在であること、そして僕が各社の原稿に火だるまになっていて色々とお待たせするなどバカ丸出しの状態ではありますが、いつか。「佐藤優の全仕事」の評伝を書くことが、自分の大きな目標の1つとなっています。

あなたも、そういう人が見つかるといいですね。ものすごく大きなスイッチになりますから。

こんな家族は嫌だ

Q19

僕は両親と兄との4人暮らしなのですが、母と兄は長年にわたって不仲でいつも喧嘩しています。最近は僕が仲裁役に徹していますが、疲れます。そんな状況でも父は家族旅行を計画するほど鈍感で、母と兄の喧嘩も止めません。もうこんな家族は嫌だと思っています。どうしたらいいですか。

20歳・大学生

血縁関係はついて回りますが、**あなたが大学を卒業したら家を出て、距離を取ればいいだけ**です。冠婚葬祭と火事や刑事事件が起きた場合のみ対処する。別にそれで冷たいとは思いません。あなたは若いからイマイチ実感できない（または地方の農村・漁村・山間地域ならありえない）かもしれませんが、子育てが終わった大半の家族はそんなもんです。いい年した社会人の男が、父母や兄と連絡を取り合っているほうがレアケースでは？　「子ども部屋おじさん」ですら家庭内で没交渉でしょう。

血がつながっていても、結局家族は他人なのです。それで何の問題もない。

あとね。お母さんやお兄さんも「こんな家族は嫌だ」と思っているはずです。自分がまともな人間だと信じて疑わず、国際連合のＰＫＯ〔平和維持活動〕部隊のような上から目線で迷惑そうに暮らす次男（弟）。そして南太平洋・ツバルのように海面上昇で沈むかもしれないのに、なぜか陽気な父。

しかし書きながら思いましたが、案外まともなのは、いそいそと旅行の計画を立てているお父さんかもしれませんよ。家族にとってはお父さんがローマ教皇（概念）。普段はバチカン市国（概念）に暮らし、色んなところにたまに顔を出して、笑顔で握手して回る。ただ、あなたは毎日ＰＫＯで命がけなわけで、そのお父さんが腹立たしい。まあ、それも分かります。

そうだ。来週早々、お父さんと2人だけで、「あなたのバイト代で」ご飯でも食べに行ってください。教皇（概念）はワインがお好きかもしれませんので、高級イタリアンで。喜びますよ、たぶん。

それで、お父さんとも行ったからという理由で、お母さんを連れて「あなたのバイト代で」回らない寿司にどうぞ。昔、読売巨人軍（ジャイアンツ）の〝打撃の神様〟川上哲治《てつはる》選手は「ボールが止まって見えた」と言いましたが、人間はある境地に達しない限り動くものは止まって見えません。なので必ず静止系を選択。しかもバックヤードのロボットではない、ツケ場の職人の動きがマジマジと見えるカウンターで。ゴキゲン確定です。

最後に兄。「あなたのバイト代で」高級焼肉店における焦土作戦です。すべてのメニューを焼き尽くす勢いで注文してください。締めのデザートもケチらない。

冗談のように思うかもしれませんが、僕は真剣です。心はこちらから開くもの。来週、3人連続で身銭を切って奢り、20歳のあなたはようやく〝開国〟するのです。

そのうち、家族4人が「あなたのバイト代で」回る寿司に行くことでしょう。もはや高級店は必要ない。そう、地球もあなたの家族も回っているのです。

そこでお父さんが放つ一言は「旅行の計画立てたんだけど……」。そうしたら「お父さんの稼ぎで」旅行に行けばいい。旅先では「お母さんのパート代で」アイスを食べ、「お兄さんの稼ぎで」ご近所へのお土産を買う。

さあ、新たなファミリーヒストリーのスタートです。報告待ってますよ（笑）

追伸：その作戦で上手くいかなかった場合、おすすめの本は太宰治『人間失格』（新潮文庫）で、漫画はたかたけし『住みにごり』（小学館）です。複雑な気持ちと引き換えに名作と出会ってください。

追伸の追伸：どちらにせよ、福山雅治『家族になろうよ』を聴いてみてください。2人の祖父と2人の祖母を含むご先祖から引き継がれてきたあなたは、また誰かと出会って新しい家族をつくることもできるのです。僕もそうでしたが、結婚することで、また親になることで分かることもたくさんあります。今は自分のことで手一杯だとは思いますが、時間薬というのはよく効きますよ。

がんばれ、がんばれ。

愛されたい

Q20

漠然と、愛されたいという気持ちが強いです。親のことがあまり好きではないため、そのせいかもしれません。心を埋めてくれる人はほしいけれど、だからと言ってマッチングアプリを始める勇気はありません。恋愛関係でなくても、友達や家族からでもいいのですが、とにかく愛されたいです。

この気持ちはどうすれば治まるのでしょうか？　賀一先生の考えでも、歴史上の人物や哲学者の考えでも大丈夫ですのでお伺いしたいです！

21歳・大学生

愛されたければ、**まずは愛する**ことではないでしょうか？　高校倫理で学ぶフランクフルト学派（のち新フロイト派）のエーリッヒ＝フロム曰く、「誰かを愛するというのはたんなる激しい感情ではない。それは決意であり、決断であり、約束である」（『愛するということ』）です。あなたはまだ、その決意・決断（自分自身への）約束ができていない状態。すなわち幼いわけです。しかし、気持ちは分かります。

愛されたい、でも現状は誰からも愛されていない、という絶望には2段階あります。

「**愛されない絶望**」

例：誰か、いないか。どこか、いないか。自分はここにいる。早く私を見つけてそのまま愛してくれ！

この欲求が今後達成されると、次にこれが待っています。

「**愛せない絶望**」

例：愛されても愛せない、（無邪気に愛してくれた人に対して）心や身体が汚れている＝邪気のある自分にその資格はない！

結局は、ともに「助けてくれ！　複雑な気持ちを受け止めて理解してくれ！」ということ。

これは仕事で言えば「見る側」の発想です。僕は「見られる側」の仕事なので、できるだけあなたを助けたい、複雑な気持ちを受け止めたい。だからこうして、大して役に立ちそうもないことは重々分かっているのに、何とか答えているのです。

正直、僕は「愛されたい」という気持ちを持つあなたに比べ、（結婚して子どもも2人、仕事のキャリアも重ね出会いにも恵まれているくせに）おそらく孤独感が深いです。年齢を重ねて周囲に人が増えるほど、より一層そうなりました。だからこそ「愛したい」。でも、僕はそれでいい。「見られる側」を選んだからにはどんな孤独にも耐えてみせる。その決意・決断・（自分自身への）約束があります。

さて。あなたは現在、漠然とした「愛されない不安」があります。マッチングアプリを始める勇気はありません、と素直に書くあなたは21歳という年齢に比していい意味で幼く、だからこそまだ「絶望」はしていない。

慌てなくていいです。僕も21歳のころ、似たような悩みを抱えていました。とはいえ父母の愛情は十分に感じて育っており、3人兄弟（僕は次男）の仲もよかったことから、対象は女性に限られました。当時は毎週レンタルビデオ屋で映画を3本（うち1本はたいていAVでしたが……）借りる生活を送っていて、大学4年の8月（＝21歳の夏）についにデッキから煙が出たほどです。
そして9月生まれの僕は、22歳を迎え、彼女をつくる気もないのに周囲の話を聞くにつけ大変に焦り、10月にある場所でかなり雑に童貞を捨てることになりました。相手も超年上でしたが優しい人だったし、そもそもそれがあるから今があるわけで、特に後悔していませんが、正直何でこんなことまで書かにゃならんのだ、と戦慄しています（笑）
あのね。慌てなくていいです、と僕は書いた。年上ぶって格好つけて言うだけなら誰でもできる。根拠を示さないと！ これが「見られる側」の決意・決断・約束＝覚悟であり、あなたへの（変な意味ではない）愛です。
まだ愛されないからと言って、慌てなくていい。最後に名言を1つどうぞ。
「**待て、しかして希望せよ！**」（デュマ『モンテ・クリスト伯』）
おあとがよろしいようで。

追伸：僕が書いた参考書『きめる！共通テスト 公共＋倫理』（Gakken）や、佐藤優さんとの共著『いっきに学び直す 教養としての西洋哲学・思想』（朝日新聞出版）にも書いてありますが、**愛には種類があります**。プラトンのエロース（真の実在である「イデアー」の世界を憧れ求める愛）、アリストテレスのフィリア〔友愛〕（人がそれぞれの「善」を拠《よ》りどころに互いに幸福を願う愛）、イエスのアガペー〔神の愛〕（人に向けられる無償・無差別の与える愛）、ブッダの慈悲（生物すべてに向けられる慈しみの愛）、孔子の仁《じん》（親愛の情を身近な人間関係上に広げていく愛）、墨子《ぼくし》の兼愛（身内を重視せず、すべての人を区別なく愛すること）などです。愛のかたちだってさまざま。

追伸の追伸：何だか答えていて思ったのですが、あなた、まともですよ。大丈夫。だって、あなたの顔すら知らない僕が、こうやって自己開示しすぎて（変な意味ではなく）愛をどうぞ、と思ってしまうほど、質問の文面から誠実さが伝わりますもん。十分愛されキャラですよ。

そうだ、赤坂アカ×横槍メンゴの傑作『推しの子』（集英社）を全巻、一気読みしてください。フロムの『愛するということ』はまだ早い。彼の作品なら『自由からの逃走』を先に読んだほうがいい。あとは……。ほら、こうやってどんどん何かを伝えたくなる。こういう魅力があなたにはあります。

慌てなくていいよ、ね。

彼女ができない

Q21

いい大学に入ったら彼女ができると思っていましたが、できませんでした。
僕の何がいけないんですか！

20歳・大学生

21歳女子の愛の話の次はこれかーい、と思いました。

おう、20歳男子。彼女なんかまだ必要ないって、などとバッサリ書こうと思ったのですが、よく考えたら本人が必要だと思っているものを、他人がどうこう言う資格はありません。

僕個人の話で言えば、学生時代に彼女はいませんでした。当時は限界男子校だった洛南高校を卒業して上京する際、河合塾で一緒だったお嬢様学校の同級生に振られましたが、諦めの悪い僕は「大学を卒業したらもう一度電話する」と言い残したからです。

そして4年後の3月、すでに研修で勤務を開始していた会社の近くの電話ボックスから、本当に電話をかけました。テレホンカードを入れる手が震えていたことを覚えています。

当時は携帯電話がなかったので家の電話に出た彼女は、僕がモシモシとも言わず「あ、」と言った瞬間に「ホンマにかけてくれたんや」と驚いていて、僕はこの人のこういうところが好きだったんだ、と改めて思いました。そしてそのまま新社会人の年、4月から翌年3月まで、月に一度だけ電話しました。電話する直前に腹筋や腕立て伏せをして心身を整える僕を見て、6歳上の上司・高田宗悟先生（東進ハイスクールのち代々木ゼミナールの英語講師）は、「ガイチ、すげえなお前」と感心しきりでした。

その毎月の電話が、月５００時間勤務で有名な西早稲田の「永田塾」と、提携先である高崎の「うすい学園高等部」に出講する僕の唯一の癒しでした。色々と話しつつ、そのあいだは休みがなかったこととは特に関係なく、わざと会いませんでした。

4月から9月まで必死で勤めて集客の結果を出していたら、社長の永田達三先生から東進ハイスクールへの紹介状をもらい、採用試験を経て学生時代から狙っていた念願の合格を果たしました。しかし僕は、正当な手続きとはいえ東進の超有力講師の紹介を受けたことが卑怯ではないかと思い悩み、自分で勝手に課した月に一度という約束を破って彼女に電話をかけたのです。

そうしたら、「自分で掴んだものでしょ？　全然いいと思う。でも電話くれてありがとう。あのね。伊藤くん絶対いい先生になると思うわ。あたしそういうの分かるの」と。これがなければ、今の僕は絶対にありません。この一言だけで、講師としてずっと生きていけるような、魔法の言葉でした。

そして、ちょうど1年が経った3月を最後に、電話するのをやめました。それは自分がようやく捻《ひね》りだしたやさしさでした。こうして僕は、きちんと振られるまで18歳から23歳までの5年を費やしましたが、何も後悔していません。

その後は、自分から好きになった人ではなく、向こうから好きになってくれた人に心が向くようになりました。そして今、妻がいて小学生の娘と息子がいます。娘、そして2歳下の息子を素直に愛しており、よく抱っこして寝かしつけています。

妻は恋愛対象を超え、自分の半身です。ある日、あまりにも結婚について生徒さんたちから相談されるため「結婚の条件って何だと思う？」と聞き、いっせーのーで、で互いに言い合ったことがあります。

答えは全く同じでした。

それは、「相手がやられたら必ず自分の手で仇《かたき》を討つ」こと。僕は、免田事件や袴田事件などの冤罪《えんざい》事件を見るともちろん憤《いきどお》りを感じますが、それでも遺族感情を優先して死刑制度に反対していません。しかし、もし妻がやられたら、犯人に対してこう思います。

精神鑑定でも何でもいい、無罪にしてほしい。

なぜか？　釈放された相手を自分の手で殺しに行くからです。逮捕されて自分が一生牢屋に入ろうが、死刑になろうが構わない。絶対にこの手で仇を討ちます。そう思える人としか結婚しないほうがいいとすら思っています。

彼女や結婚相手というのは、このくらいの気持ちで付き合うもので、**安易に欲しがる**

ようなものでもない。これが僕の意見です。

僕も過去、色々とありましたが、安売りしたことは一度もないです。お相手はすべて最高。「困ったことがあったらいつでも言うてきたらええよ。必ず味方する」と今でも全員に対して思っています。

そのためにも僕は、ちょっと検索すればすぐに居場所が分かる程度の知名度はないといけないと思い、生きています。相手がどんな状況に陥っていても構わない。一度好きになった人や世話になった人は、生涯、とても大切な人です。

そうだ、ここにもちゃんと書いておこう。

大丈夫、俺はここにいる。以前と一緒で常に暑苦しく、明るく元気です。いつでも灯りがついています。

いいかい学生さん、好きに生きればいいが、好きになった人や世話になった人をわるく言う大人にはなるなよ。それは、トンカツをいつでも食えるようになるより、よほど大事なことなんだ。

焦らず、がんばりや。

追伸：白居易《はくきょい》の七言×120句の長詩『長恨歌《ちょうごんか》』の最後の一説を載せておきましょう。

在天願作比翼鳥（天に在りては願わくは比翼《ひよく》の鳥と作り）
在地願為連理枝（地に在りては願わくは連理《れんり》の枝と為らんと）
天長地久有時尽（天は長く地は久しきも時ありて尽くとも）
此恨綿綿無絶期（この恨み綿々として絶ゆるの期無からん）

唐の第6代皇帝・玄宗《げんそう》と傾国の美女・楊貴妃《ようきひ》との悲恋を描いた詩です。ある晩に2人きりで話したときの場面。

「私たちが天上にあって空飛ぶ鳥となったなら、1枚ずつの翼を持ち並んで飛ぶ**比翼の鳥**になろう。地上に生える樹木となったなら、交わる枝が連なる**連理の枝**になろう。いつ、どこにいても、ずっと一緒だ。たとえ死んでも、な」

このくらいの気持ちにならない限り、パートナーは要らんでしょう。

恋人に依存してしまう

Q22

恋人に依存してしまいます。よくないことだとは分かっているのですが、どうしてもやめられません。何か解決方法はありますか。

21歳・学生

そりゃあ仕方ない、依存していいと思います。

もし相手から嫌がられているのならそのうち別れを告げられるはずだから。ナニ、別れたくない？　ならばあなたが変わるしかないでしょう。え？　ありのままのアタシを愛してほしい？　それはワガママというものです。

断言しますが、**他人の心はコントロールできません。自分をコントロールするしかないのです。**

自分も正直、大好きな人は（老若男女問わず）複数います。でも、その根底にあるのは「この人に嫌われたらやっていけない」という気持ちですから、なるべく嫌われないように気をつけています。相手の嫌がることは絶対にしない。逆に言えば、嫌がられさえしなければ何でもします。

以前、そのように徹底してきた態度を、大好きな人に「隙がないですよね」と言われたことがあります。え？　いや、スキ（隙どころか好き）だらけなんですけど……！と正直思いましたが、ああ、これでいいんだ、僕はこの人のこういう物言いや所作《しょさ》も好きなのだな、ふふんと思いました。

普段は適切な距離で、ただ、そこにいる。相手によかったことがあったら素直に褒めて態度に表し、相手が困ったときは、どんなことをしても助ける。そして何より口が固い。人間誰しも、色んなことがありますからね。そういう人でありたいです。

この例は恋人ではありませんが、人間関係というのはこういうものでは？　あなたが腹落ちしてくれたなら、「相手に依存する」ということはなくなります。

あのね。相手に嫌われたくない、という切実な気持ちを、相手の嫌がることはしない、という行動に切り替えるだけでいいんです。せっかく見つけた、いや、見つけてくれた素敵な恋人じゃないですか。ずっと一緒にいるためにも、ね。

陰ながら応援しています。

追伸：まあ、適切な距離を保てないことが恋愛なんですけどね。磁石が自然に引き合うように、思いもよらないことが起こる場合もある。まあそのときは、観念するしかない。仕方ないっす、お口にチャックはできても、心に鍵はかけられないから。古今東西、色んなことをズルズル引きずって生きていくのが人間なのです。

追伸の追伸：さっきからずっと、「ここまで晒《さら》さなければ悩み相談の本って書けないのか！」と衝撃を受けている読者の皆さん。僕のほうがよほどそう思っています……（涙）

人と関わることが苦手

Q23

自分をオープンにできず、上手に人と関わることができません。
どうしたらこの性格を変えることができますか。

19歳・学生

あのね。**自分をオープンにするのは仕事のときだけでいい**のです。お客から命の次に大事な時間とお金を頂いているわけで、自分が何者なのかを知らせたうえで買って味わっていただくのは当然ですから。その代わり、お客以外に安売りしないでください。

それでも、「もしこの人なら」と思った人がいるとしますね。それは、その人に惚れているのです。

そこで、歴史や倫理の講師として断言しますが、この世界・古今東西の真理は「惚れたほうが負け」です。そして、すんなり負けを認めてもいいや、となったとき、本当の人間関係が始まります。そんなの僕だってほんの数人しかいない。それ以外の人と必要以上に関わることはないし、自分の性格を無理に変えようとする必要はないですよ。

その人たちからの、細心の注意を払った（これ大事）誠実な言葉のお陰ではじめて、あなたのなかに変化が生まれるのです。

さて、あなたにおすすめの曲があります。

そりゃボン・ジョヴィ『イッツ・マイ・ライフ』に決まってるやん！

It's my life（これは俺の人生だ）
It's now or never（今じゃなきゃ、次なんかない）
I ain't gonna live forever（永遠に生きるわけじゃないんだ）
I just want to live while I'm alive（ただ命の限り生きたいだけさ）

さあ、それぞれの人生を、生ききろう。
がんばりや。

追伸：あと、古今東西の真理を1つ追加しておきますね。
「人の性根は変わらない」です。だから相談しているあなたも、この回答を読んだだけではそんなに変わらない（笑）
もし、それなりに上手くやりたいと言うなら、**性根ではなく人格・個性〈パーソナリティ〉を変えればいい。**
パーソナリティは、ある環境に対する独自の行動や思考・適応を決定する「その人らしさ」で、①能力（知的・技能的側面）、②気質（情緒的側面）、③性格〔キャラクター〕

（意志的側面）の3要素からなります。

これらは一般的に、遺伝的要因（生得的要因）と環境的要因（経験的要因）が互いに影響し合って形成されると考えられていますが、どんどん変えていったらいいと思います。大したことではない。

なぜか？　パーソナリティの語源は、そもそも仮面（ペルソナ）ですから。

前日になると憂鬱

Q24

誰かと遊びに行く予定を立てても、前日になると気乗りしなくなってしまいます。行ってしまえば結果的には楽しめるのですが……。この気持ちはどうすればいいですか。

20歳・大学生

へえ……憂鬱《ゆううつ》でも、約束を守っているだけ大したものだと思います。まあ僕も「〆切以外は守る」ことで有名なので、これは自己弁護でもありますが……（涙）

僕個人の経験上は、あまり話したことのない相手がそこに混じっていた場合に限り、憂鬱に思った待ち合わせほど得るものが多かったです。その後、長年にわたり深い付き合いをする人もできました。

まあ、何度も会っている人ばかりなら、自分もそういう経験はあります。ただし、こちらが「憂鬱にされている側」「ぶっちぎられた側」として、です。

魅力的な人、いや、モテてきた人って、平気で会う予定をドタキャンしますよね。それこそ何度喰らってきたか分かりません。だからこそ、とても素敵な人なのに全くドタキャンしない人がいた場合、大好きになってしまう。悲しい性《さが》……。

あなたは、前日に憂鬱になることが分かっているなら、そもそも誰とも約束しないで、独りで思索・思考を深めたほうがいいタイプなのかもしれません。

サルの群れを見ても分かるように、たしかにヒトは群れで暮らす生物です。古代ギリシアのアリストテレスは「人間はポリス的〔社会的〕動物である」、戦前の思想家・和辻哲郎は、人間を「間柄的《あいだがらてき》存在」と言っているほどです。でも、あなたの周囲に物理的にヒトはいますよね？　それで十分では？　サルの群れでも「離れザル」はいるし、そんなもんですよ。独りに慣れてください。

と、こうやってあっさり僕が答えるでしょう？

そうしたら「行ってしまえば結果的には楽しめる」タイプのあなたは結局、独りでいるそれでいい。**それがいい意味であなたの性根**なのです。そしてそのようなアイデンティティ（自我同一性）（これが自分だ！）を理解したなら、前日の憂鬱も減りますよ。

せっかく相談してくれたんだ、少しだけ僕を信じてみてください。ね。

そんなあなたにおすすめのゴキゲンな曲は、リトル・ミックス『Black Magic』。カワイコちゃんの魔法にかかってみましょー。楽しい暮らしを！

追伸：とはいえ、僕も1度だけぶっちぎった経験があります。それは、新入社員のころに地元・京都で行われた中学時代の友人の結婚式です。厳密にはドタキャンではなく、招待状が来ても返事を出さなかった。自分は生きて帰らないような気合いで上京したのに、数年遅れで建設関係の専門学校を卒業したのち上京した彼は、（いくら外国人労働者たちと共同生活を送る千葉県の飯場《はんば》に突っ込まれたとはいえ）1年足らずで挫折して地元へ帰ったことが、精神的に許せなかったのかもしれません。ガキでした。大人気なかった。今も絶縁中ですが、特に謝るつもりもありません。

やはり人の性根は変わらないのです。

追伸の追伸：でも、今これをもし読んでいたら……。正直スマンかった！　こんなところでズルく謝るような所作も、僕の性根なのです（涙）

落ち込んでいるとき

Q25

気分が落ち込んでいるときの、他人との適切な接し方を教えてください。

20歳・大学生

そんなときは、あまり他人と接しなくていいんじゃないですかね……。1人にしておいてもらえる環境がないならイライラすると思いますが、あなたの落ち込みは、そもそも他人からすれば関係ないことだもの、仕方ない。スマホでXかYouTubeでも見て笑っているしかない。それでも家族とは最低限関わらないといけませんが……。

なので、ここでは他人を「家族以外」と設定します。それならほとんど関わらなくてもやっていけませんか？　事務的なやり取りはあっても、別に大したことではない。

それで孤立するような世のなかですかね？　高校時代までなら分かりますよ、スクールカーストがあるから。でも、大学にはそんなものないですよね。そこまで他人に興味がない。僕は43歳のとき早稲田大学教育学部教育学科生涯教育学専修に入り直したのですが、2年時に中国語の授業で隣の席だった理学科地球科学専修1年のSくんに「いつもスーツ着てるけど、塾講バイト？」と聞かれました。「へ？　そんな年やないよ」と答えると、「じゃあ院生？　バイト何ですか？」とさらに聞かれたので、仕方なく「（スタディ）サプリ」と答えたところ「あー薬局ですか」だって（笑）

「俺44歳やけど？」と言うと、「あー、人の顔いちいち見てないんで」と理系丸出しの答えが返ってきて、その会話をきっかけに彼とは仲良くなりました。

　そんな「他人のことに（いい意味で）興味がない」早稲田大学の学生であるあなたは、「陽キャ」と「陰キャ」がいるように思っているかもしれませんが、早稲田に本当の意味での陽キャなんていません。いるのはイキリ陰キャと普通の人だけです。

　だいたい大学、しかも難関大出身という人生の保険をかけておいて「学生時代ヤンチャしてました」なんて言うのは、ただのイキリ陰キャ。本当にヤンチャしていた人は、2学年下の友人、文学部中国語中国文学コース・篠塚康介《しのつかこうすけ》くんのようにAV男優（しかも女装子）になった後、メンズエステの経営までやって中退していますから、心配要りません。彼は映画の仕事をしており、今も仲がいいですが、根性が決まっています。

　そもそも、大学の授業に出ている時点でそれは普通の人。本物の陰キャに失礼です。しかもあなたは「気分が落ち込んでいるとき」限定でそういう症状が出るわけで、十分に社会生活が送れていますよ。少なくとも、僕や編集担当・袴田さんみたいな文学部出身者（それぞれ法政と早稲田）よりはツンデレを含む変態度が低い（文学部に変態は褒め言葉）。「明るいコミュ障」である僕ら2人なんてもう毎日大変……いや、やめておきます。500ページあっても足りないので。

追伸：おすすめの曲があります。女王蜂『バイオレンス』。「高まりにだって終わりは来るとかダりぃ」薔薇園《ばらぞの》アヴさんの歌詞は、いつだってキレキレです。あなたも、自分なりの個性で、ペースで、がんばりや。

追伸の追伸：あとは、いつも乗っている通学電車の終点まで行っちゃえ！　日本では必ず海か山にたどり着くはずです。あなたのことを誰も知らない、何てことない平日の街をぶらぶら。これ、社会人になったら、退職を決意した日にしかできません。だまされたと思ってやってみてください。意外に精神的・肉体的なデトックス効果がありますよ。

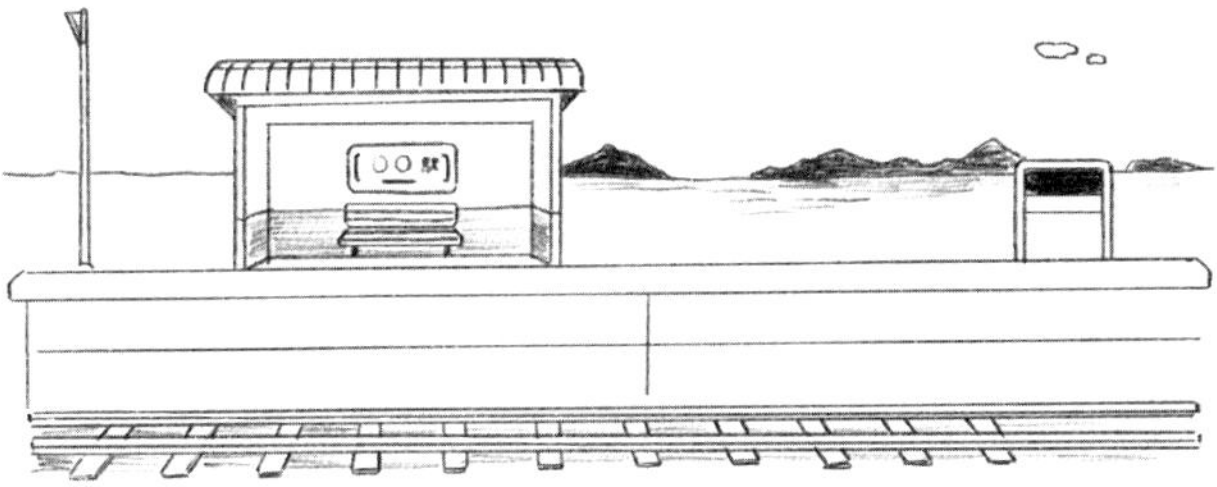
○○駅

こんな私でも

Q26

何でもかんでも考えすぎて、ふと人間関係を壊したくなったり、殻にこもりたくなってしまうときがあります。こんな私でも、社会人としてやっていけますか。

19歳・大学生

一瞬、編集担当・袴田さんからの質問かと思いました。おーい、今年入社したばかりの青月社はどうですかー（笑）というか、この章の相談、袴田さん（概念）だらけ……。

さて、ズバリ回答します。

社会人としてはやっていけますが、会社人としてはあまり向いていないです。だからこそ、規模の大小ではない「理解ある職場」を探してください（それが青月社だと信じています、編集長を見てそう思いました）。

あのね。概念ではない実物の袴田さんなんて、性根のところを一言で表すと「全員張り倒す」なんですよ（小声）。文化系みたいなフリして陸上部出身だし、今でもチアをやっているバリバリの体育系でもある……という個人情報は置いておいて（でも、相談される側が自己開示しないと相談する側は「どんな人に相談したのか」を踏まえて反芻《はんすう》できないですからね。すべてを鵜呑《うのみ》にしていたら危険なわけで、取捨選択の材料を与えてあげなければ）。

社会科の先生として断言しますが、社会は広い。現代に限っても、あなたの居場所は必ずある。今は生きづらいと思っていても、自分の居場所を探してください。

そして、1つだけ忘れないでください。ノートルダム清心学園元理事長・渡辺和子『置かれた場所で咲きなさい』（幻冬舎）は、国民的な大ベストセラーでおすすめですが、あなたのようなタイプの人や袴田さん（概念）には（読めば分かりますが）たぶん合いません。

あなた方《がた》の場合、「咲ける場所に置きなさい」もしくは「（人に）置かれる場所を避けなさい」です。ただ、読むことで気づきは多いと思います。これは、僕がズブズブ関係の幻冬舎に忖度《そんたく》しているわけではありません。あれだけ売れた、ということは絶対に意味があるのです。そしてそれが現代の社会・世のなかを指し示しているのです。

追伸：ちなみに2016年に89歳で亡くなられたカトリック修道女・渡辺和子シスターの父は、1936年の二・二六事件で陸軍皇道派の青年将校たちに殺害された統制派の陸軍教育総監・渡辺錠太郎《じょうたろう》です。小学3年生だった彼女は、すぐ傍でお父さんに44発もの銃弾が撃ち込まれる瞬間を見ていたそうです。運命に翻弄《ほんろう》されつつもしっかり立ってきた彼女の「置かれた場所で咲きなさい」という主張が、僕は間違っているとは思いません。ただ、自分とは考え方が違うというだけの話。
それでいい。それでこそ、皆が咲く。

追伸の追伸：あなたにおすすめの曲は羊文学『burn.ing』です。
「都合良い理想ばっか並べたって現実は暗い
傷つくのが癖になってる　誰を許せないの？
愛したいものから壊して
失う前に手放してしまえばいいと思っていた」
という歌い出しに、あなたが何も感じない、ということはないでしょう。
そしてラストの
「Ly.ing　今眩しい光の中で
どんな痛みさえ輝きに変えながら
命を燃やすの
（この気持ちは誰にも言えない）」
ここに相談してくれて、本当にありがとう。

僕はあなたに『burning』を薦めましたが、このように、直接言葉にするのではなく間接的にメッセージを送るという手段もあります。**考えすぎてもいいけれど、色んなコミュニケーションの取り方がある。**それはあなたも、相手も、社会＝世のなか全体も同じです。

また「誰にも言えない気持ち」でいっぱいになったら、僕ら（実体）はここにいます。

遠慮しなくてもいいからね。

あなたが笑って暮らせますように。

担当編集者からの回答

他者と行く回転寿司が苦手だ。お寿司を食べることや回転寿司という空間自体は大好きである一方、そこに他者（血縁者を除く別の人間）が存在するだけで、一気に緊張感が高まる。「何でもかんでも考えすぎてしまう」あなたには共感してもらえるかもしれないが、回転寿司とかいうシステムは食事のスタートからゴールまでの道筋が各々に委ねられすぎている。何のネタを、どのタイミングで、何皿食べるのか。マナーさえ守れば多種多様なスタイルで食事を楽しめる空間だからこそ、数々の選択を積み重ねてようやく手元に届いた寿司は、紛れもなく私の魂が反映された「思想の皿」である。そんなの安易に他人へ見せられるものではないし、食事をともにする程度には仲を深めたにも関わらず、私の判断1つで（あ、1皿目にそれ頼むんだ、へえ……とか思われたりして）その関係に亀裂が入ってしまったら困る。そう考えるうちに、やっぱり人間関係ってめんどうだな、本当は席に着いた瞬間〆さばと炙りチーズサーモン食べたいんだけどな、1人で誰の目も気にせず生きていたいな、という思考回路を辿り、最終的には回転寿司に限らず遊びに誘われたときの言い訳ばかりが上達していく。そんな学生生活を送っていたところ、かわいいカフェにも怪しい定食屋にも沖縄旅行にも1人で行けるようになり、友達はいなくなった。

気づいたら、社会人と呼ばれるようになって半年が過ぎていた。相変わらず、他者と上手に関わることができないし、約束の前日になると気乗りしなくなるし、落ち込んでいるときは放っておいてほしいし、ふと人間関係を手放したくなる。まさに第2章のお悩み詰め合わせセットのような私でも、今のところは何とかやっているつもりだ。賀一先生のおっしゃる通り、編集長をはじめとする上司や先輩が袴田（概念）を面白がってくれる職場であることが大きな要因ではあるものの、学生のころ恐れていたよりはずっと、明るい気持ちで経済の歯車を回す一端となっている。

「何でもかんでも考えすぎて、ふと人間関係を壊したくなったり、殻にこもりたくなってしまう」自分の性格が、1人で立ってこの社会で生きていくうえでは適していないことを、あなたは理解している。たしかに、嫌になったからといって誰にも言わずに会社を辞めたり、上司や同僚と交わす必要最低限の会話すら滞ったりするのはよろしくない。ただ、「殻」という言葉を選んでいる以上、私と同じようにあなたも、自身の内と外にはっきりと線引きをしているのではないだろうか。

例えば仕事をするときの自分、いわば「殻」の外側にある私は〈私〉ではない。無理して取り繕っているわけではなく、社会人として生きていくために自然とかたちづくられた戦闘用の私だ。どれだけ傷つけられても、刃の当たる先は盾だと思えば多少のダメージくらい気にならない。全員張り倒す、と言うときの私はこれ。

そして、私とあなたが「殻」という名の盾を使って守るべきは〈私〉、つまり回転寿司に行ったら初手で〆さばと炙りチーズサーモンを頼むような、内側にある本当の自分だ。くだらないことで傷つけられては困る。たいていのことは「殻」で弾き返さなければならない。しかし社会とは理不尽なもので、招いてもいないのに突然「殻」の内側に土足で上がりこんできて、汗まみれのTシャツのまま私のベッドに飛び込むような人間が必ずいる。どれだけ逃げても、どこにでもいるらしい。

だから、いつかあなたが限界まで追い詰められたときには、週末にふらっとどこかへ旅に出るのがよいと思う。私は先日、すべてを手放したくなった勢いで深夜にホテルと新幹線の席を予約して、翌朝5時起きで家を出てひとり旅を決行した。早朝の車窓に流れていく景色を見ていたら、少しずつ東京の喧騒や煩わしい人間関係から自身が切り離されていくことを実感できたので、意味のある逃避だったと思う。

ただし、どこまで逃げても日曜日の夕方には帰ってくること。そして翌朝には何ともない顔で出勤する。思い立ってふと逃げ出した先でもおいしいごはんが食べられるように、私たちは日々、盾を持ってこの社会を生き延びているのだから。

負けず嫌いが過ぎる

Q27

かなりの負けず嫌いで、相手に対する尊敬を忘れてしまいがちです。周りの人たちと上手く関わっていくためには、この性格をどう扱ったらいいでしょうか。

20歳・学生

また編集担当・袴田さんかと思いました（笑）

うーん……正直うらやましいです。**僕は「負けたい人」**だからねえ。**本当にすごい人に打ちのめされたい。それが、いや、それだけが成長につながると思っている**からです。

「鶏口《けいこう》となるも牛後《ぎゅうご》となるなかれ」という中国の故事成語がどうも合いません。僕はすごい集団の後方でいい。そして前にいる人たちに追いつき、追い越したと思ったら、感謝しつつその集団を離れます。そして新たな「牛後」につく。

こんな僕の発想は起業には向いていませんが、恥ずかしいとも思いません。僕は独りでやることも十分冒険だと考えているので、同じベンチャー魂で闘っています。ただし、それはあくまでも自分自身と。だから負けず嫌いではないのです。敵は自分自身だから、すごい人に負けることを何とも思っていない。

あと、プロレスのリングアナウンサーをやってきたことも大きいです。プロレスは、一般の格闘技と違い「何度でも立ち上がること」で強さを証明する要素が強いです。負けたというより、倒れたという気持ちなので、また立てばいいというか。

たしかに、「相手に対する尊敬を忘れてしまいがち」というのはよくないですね。自らを認めてくれない人に「がっかり」するだけでなく、「やっぱり（お前もかー！）」とつい敵意を向けてしまう。それは危険！　なぜなら、認めてくれる人には無条件に好意を持ち油断してしまうからです。百戦錬磨の人たちは、相手の性質を見抜き、隙あらば無責任に褒めてきます。ありがたいな、と思いつつ、簡単に心を許してはいけませんよ。成長速度が止まります。

そんなあなたには、僕の信条である**「物事には自己ベストと世界一しかない」**を提示しましょう。自己ベストさえクリアできていればそれでよし。校内で何位とか、国内で何回戦まで進んだとか、どうでもいいです。世界一以外に意味はないでしょう？

そのくらいの気の強さを持てば、他人に対する「負けず嫌い」などという小さな話は吹き飛び、自分自身に対する「負けず嫌い」、すなわち「ここで溶けてたまるか」という気持ちになるはずです。闘って負けたならいい、その場でうずくまって溶けることだけは避けたい。そうですよね？

とてつもなく高いハードルを自分で設定して、公言なんてしてみた日にゃ、まあ怖いです。でもね。それでも行くんだよ。

怖くても、動こう。

追伸：諫山創《いさやまはじめ》先生の漫画『進撃の巨人』全34巻（講談社）を読んだことはありますか？　僕はあまりにも好きすぎて、『残酷な世界でどう生きるか「進撃の巨人」の言葉』（総合法令出版）を出しているくらいです。先日、台湾でも翻訳出版が決まって喜んでいます。

壁のなかに追い詰められた人類の憲兵団・駐屯兵団・調査兵団のうち、調査兵団は「人類の翼」。心臓を捧げて壁を蹴り、壁外の巨人に向かっていく。そのとき、彼らは上に羽ばたいているわけではない。壁から飛び降りているだけ。

いいかい？　勇気1つをともにして、落ちていくんだ。これならどんな高い壁でも、できるでしょう？　さあ「心臓を捧げよ！」

追伸の追伸：とはいえ、じつは僕に足りないのは「負けず嫌い」の部分ではないか、とたまに思います。「物事には自己ベストと世界一しかない」というのは逃げの部分を含んでいるのではないか、と。途中経過の結果・トロフィーも大事と言えば大事。そうやって自分をかえりみたとき、ああ、これ1つしかないな、と思い肩書きにしたのが「日本一生徒数の多い社会科講師」でした。

他者を信用できない

Q28

他者のことを心から信用できません。どうしたらこの気持ちを変えることができますか。

20歳・学生

いいよ、いいですよ、信用しなくて。特に褒めてくれる人を簡単に信用してはいけない、と先ほど書いたばかりです（笑）

家族を含め、信用に足る人は「何かの分野で客観的な実績がある」うえで褒めてくれる人、もしくは改善点を指摘してくれる人です。その人の予測は、まあ当たる当たる。例えば……。2年前、僕は以下のようにXにポストしたことがあります。

「自分は偽善が本当に苦手なので、人を褒めることに慎重です。その後のその人のためにもならないし、褒める時に嘘を云うのはその先にいるお客（社会人は何かの仕事のプロであるはずだから）に対する罪だとすら思ってます。だから全責任を取るつもりで、いわば命がけで人を褒める。それが「千里眼」と呼ばれるほど予測が当たる所以です。」

あなたから見て、これは……！　と特別に思えない人のことは、別に信用しなくていいです。手放しで褒めて理解者のふりをして、「全力で夢を応援する」などと簡単に口にする人間ほど胡散臭《うさんくさ》いものはありません。何も求めずあなたを推して課金してくれるならいいけれど、それは単なるファンですから、近づけていいものではない。あなたのボロが出て先方の幻想が壊れます。

大丈夫、どうせ人は独りですから。

がんばれ、がんばれ。

追伸：編集担当・袴田さんは、彼女がまだ学生のころ、責任と覚悟を持って僕が「あなたは素敵な文章を書く。とても才能があると思う」と多数の人が見ている空間で褒めたことがあります。そして彼女は、僕の「千里眼」が正しいと、いままさに証明してくれている過程にある人です。

人を信じられない、という質問を思いきってしてくれているあなたが、この本の全体から学ぶことは多いはず。誰もが、なかなか他人も自分も信じられず、悩んでいるのです。

この章の最後にふさわしい質問でした。本当にありがとう。

【特別寄稿】

自分の職業について

Q29

来春で引退を決めましたが、プロレス以上に魅力のある仕事はなく、他の職業に就こうと思いません。現在はプロレス団体を経営していますが、自分が現役引退した後、このまま会社を続けていくことに対して不安もあります。その一方で、根拠のない自信もあります。

賀一さんはご自身の職業に対して不安を感じることはありますか？　不安を拭うにはどうしたらよいでしょうか？

45歳・プロレスラー／経営者　里村明衣子選手

さっきの質問で2章は終わりかと思っていたら、超大物が途中参戦ですね。**「女子プロレスの横綱」里村明衣子選手**です。

彼女と僕には共通点が2つあります。それは「業界最年少」と「超カリスマの師匠に付いたこと」です。

新潟県出身の里村明衣子は、1995年、15歳で黒埼中学校を出て、新横浜にある元クラッシュギャルズ・長与千種の設立したGAEA JAPANから「脅威の新人」の1人としてデビュー。「赤の後継者」と呼ばれ、大活躍されました。京都府出身の伊藤賀一は、同年に22歳で法政大学を出て、東京にある英語科超人気講師・永田達三の設立した永田塾に入社。同時並行で東進ハイスクール日本史講師として、「お喋りインコ」と呼ばれました。

彼女はそのセンスと努力と根性で、北斗晶やアジャコングらと戦いチャンピオンにまでなりました。大したセンスもなく努力が嫌いで根性だけはある僕は、「きかんしゃトーマスのモノマネは日本一上手い」などと言われつつ、それでも全国で使用する各種グランドテキストの作成権を得て、吉祥寺本部校から配信される衛星放送講義の出講を果たしました。

2人のそれぞれの経緯は、『「かっこいい」の鍛え方 女子プロレスラー里村明衣子の報われない22年の日々』（インプレス）や「里村がコラム本舗」（https://sendaigirls.jp/blog-category/satomura-blog/）、『会社を離れても仕事が途切れない7つのツボ』（青春新書）や「4冊の本が教えてくれたこと 日本一生徒数の多い社会講師・伊藤賀一／私のバイブル」（https://www.pasonacareer.jp/article/20181226/）に詳しく掲載されていますので、ご興味のある方はぜひお読みください。

私たちは、1995年春の業界デビューから30年近く経った2014年冬、仙台のセンダイガールズプロレスリング道場で収録されたスカパー！の対談番組で知り合いました。そこで即座に意気投合し、現在では互いに刺激を与え合う友人どうしです。知り合って10年後の2024年夏には、早稲田大学で（学園祭等のイベントではなく公式に）ダブル講演まで行っています。

これはじつは、僕がデビュー時から「業界は違えど最年少どうし、いつか一緒に仕事しよう」と一方的に励みにして長年生きていたところ（だから一度も観戦せず、プロレス雑誌や映像などでキャッチアップしていただけ）、演者兼広報プロデューサーを務めていたDHCテレビのスカパー！チャンネルで『天職』という対談番組を担当することになり、満を持して明衣子さんに相手役を依頼した、という経緯です。冷静に考えればストーカー的執念により30年かけて出会いを果たしたということで、我ながら気持ち悪いなと思ってる次第で……。そもそも僕の大学4年時・22歳の誕生日（9月23日）に中3で新横浜の道場に来た、という記事を読んで、根性が服を着て歩いているような少女に何だか一方的に運命的なものを感じていたわけで、まあそれも「千里眼」だったんでしょうね。

それで今回、特別に本書にも登場していただきました。明衣子さんは、国内外で大活躍された女子プロレスの大レジェンド（しかも45歳にして全く衰えていない！）ですが、2025年4月をもってキャリア30年の区切りで引退されることになりました。そのタイミングです。

さて、皆さん。読めば分かると思うのですが、**彼女、「不安」という言葉と裏腹に全く悩んでいない。** しかし、それでもある別のことを悩んでいる。

それは「**不安があるが当然乗り越えられると思っている**」。そして、「**自分はどうにでもなるが周囲が心配**」というもの。

選手としてはやりきったかもしれませんし、引退を撤回することなどない人だと分かっていますが、キャリア30年・45歳にして**まだまだ不完全燃焼**なのです。

この業界でやることはたくさんある、ということ。手ぐすね引いて戦闘態勢。これは相談ではなく、バリバリの決意表明。僕は、彼女のそういうところが大好きなのです。周囲、がんばってついていって！　でもね、最初期の弟子であるＤＡＳＨ・チサコ選手は言うに及ばず、橋本千紘《ちひろ》選手・岩田美香選手も「周囲」ではないような気がします。完全に独り立ちしているから。もう本当に一流ですよ、３人とも化けに化けた。もはやお化けです。

それに続く、若手を含むさまざまな関係者。あなたたちの大将、ここからブーストかけるつもりですよ！　そして未来の入団者へ。この人は間違いない、本物中の本物。何せ僕は彼女が14歳の9月からずっと見てきた、粘着質な「千里眼」なんだから（きしょい）。

追伸：番組内で大師匠の長与千種さんに取材したとき、映像には使われませんでしたが、じつはこうおっしゃっていました。

「明衣子さんは私の後継者、赤の継承者と長く言われてきました。でも、もうとっくに自分を超えています」「あるとき、スーツを着てスポンサーさんたちにきちんと挨拶している姿を見た。あれを見て、その全体を見て、何だかね、自分を完全に超えた、とてもかなわない、と。もう継承者なんて言うのは違う。ウチのスタッフたちも、明衣子さん、明衣子さん、って大好きなんですよ（笑）」

あのスーパースター・千種（チコさん）、15歳上の天上人に、敬語でそう言われている人なんて、あなたしかいない。本当にいい師匠につかれましたね。

追伸の追伸：よく分かっていない人は、Ｎｅｔｆｌｉｘで配信されている人気ドラマ『極悪女王』（鈴木おさむ企画・脚本・プロデュース）を観た後に、ＹｏｕＴｕｂｅに落ちている長与千種や里村明衣子の動画を確認してください。度肝抜かれまっせホンマ。チコさん役の唐田えりかさんも素敵！

追伸の追伸の追伸（特別版）

初めて言いますが、僕は、直接的には中学生時の長与千種と20代前半時の里村明衣子のせいで、ガタイと運動神経がよく、根性のある女性がタイプとなってしまい（潜在的には小学生時の三浦みつるのアニメ『Ｔｈｅ・かぼちゃワイン』の朝丘夏美〔エルちゃん〕と高校生時の山本直樹の漫画『極めてかもしだ』の沖津要《かなめ》もですが）、いまだに長身だったり鍛えてあったり、ショートカットの小麦色だったり時期によってはロングの色白だったりする（どっちやねん）、イケてる人に惹かれてしまいます。

とはいえ、地上で最も尊敬する女性は、里村明衣子です（断言）。母や妻、スタサプの岡本梨奈先生、早稲田大学の小林敦子先生、編集担当・袴田さんを含む、僕を知る女性の誰もが文句ないと思います。いつも手放しで褒めているのを聞いているうえ、実際会ったことがあるから。

引退後もバリバリにがんばってくださいね。

これまでも、これからも、ずっと応援しています。

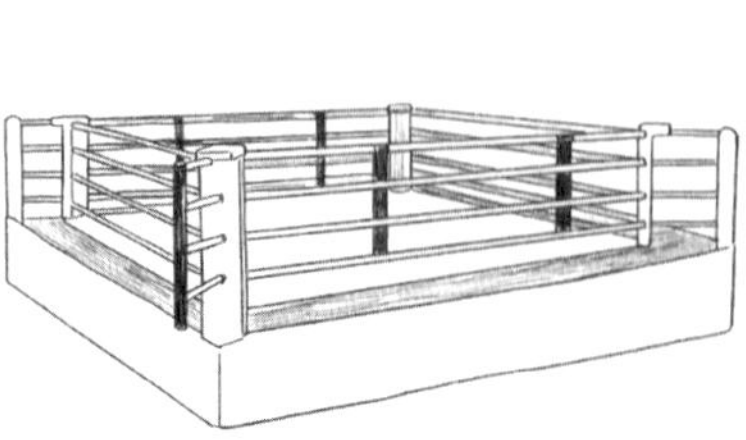

3 社会のこと

どんな人生を歩んだって、いつかは社会という名の地上に飛び降りる。空中から見下ろすその景色はおそろしいかもしれない。不安を抱くかもしれない。目を凝らしてみると、ふらつきながら彷徨う大人も見える。大丈夫だろうか。

地上で営まれてきた幾千もの人生が束になって「歴史」と呼ばれ、私たちはその上に立ってこれからも生きていく。過去、現在、未来をつなぐ社会は、飛び降りてしまえば誰も逃れることはできない。厳しい眼差しを向けるのは、そこが紛れもなく戦場であることを分かっているから。

これから地上へ降り立つあなたへ。がんばれ、がんばれ。

おすすめのアルバイト

Q30

賀一先生は過去にさまざまな職業をご経験されたそうですが、そのなかで学生のうちに経験したほうがよいと感じた仕事（アルバイト）はありましたか。

18歳・学生

それはもう、「**将来の職業につながるもの**」です。先生になりたいのなら塾講師（僕もそう）、編集者や物書きになりたいのなら書店員（袴田さんもそう）、CAになりたいのなら空港の売店や飲食店、ホテルマンになりたいのなら温泉旅館や民宿、などなど。

ただし、おすすめできないのはライバル企業です。ディズニーリゾート志望なのにUSJ、朝日新聞志望なのに読売新聞、電通希望なのに博報堂、リクルートのスタサプ希望なのにベネッセとか。それならバイト先にそのまま就職したほうがいいです。その後、向こうから声がかかったら堂々と転職すればいい。それなら〝産業スパイ〟ではありませんからね。

何事もそうなのですが、**1マス横に徐々に「陣地を広げていく」感覚は大事**です。特にあなた方学生は、今は空中にいる状態。**大学や大学院は、敷かれたレールではなく滑走路**です。どこにでも飛んでいけるけれど、「ある地点」に落下傘で降下して社会に出たら（それが新卒の就職先）、そこから命がけの地上戦が始まります。学生時代のアルバイトは、上手く着地できるように「ある地点」の面積を少し広げておくような感じです。

太平洋戦争（1941〜45年）のときの日本を知っていますか？　1941年12月8日、

陸軍の（イギリス領）マレー半島コタバル上陸と海軍の（アメリカ準州）ハワイ真珠湾攻撃がちょっと上手くいったからって、東南アジアや太平洋で一気に占領地域を広げて、広げすぎて、結局守れなくなったのです。

そして、陸軍も結局は船に乗らなければ移動できないのに海軍と仲が悪く、部品の共有すらできず共同の兵器開発も進まないという体《てい》たらく。もはや戦車や戦艦で戦う時代ではなく、地上や航空母艦から飛び立つ戦闘機、さらに日本にはない大型の戦略爆撃機（例：B29）が勝敗を決める時代になっていたのにも関わらず、です。

1942年6月のミッドウェー海戦の大敗で、空母4隻をすべて失った後はひどかった。日本本土は小さな島国で、占領地の範囲だけは異様に広いのに、制海権も制空権も失ったのです。

ソロモン諸島のガダルカナル島転進（実際は撤退）、アリューシャン列島のアッツ島玉砕《ぎょくさい》（実際は全滅）、マリアナ諸島のサイパン島陥落《かんらく》、フィリピン撤退、硫黄島《いおうとう》も……。そして各都市の空襲や沖縄戦、広島・長崎への原爆投下で焼け野原に。

ポツン、ポツンと「点」のように各地に置き去りにされた陸軍は、地上戦で非常に難しい状況に追い込まれます。各種の補給も間に合わなければ脱出もできません。

遡《さかのぼ》れば日中戦争（1937〜45年）のときも、「点と線（都市と鉄道）」を押さえられず「面（広大な農村地帯）」の支配ができなかったから、中国共産党の紅《こう》軍（八路《はちろ》軍など）のゲリラ戦に敗れました。

空にいる大学生・大学院生は、就職活動などを経て「点」に降りると、すぐに命がけの地上戦が始まります。転職や副業などで点と新たな点をつなげて「線」になり、その線でぐるんと囲んで「面」にして、さらに高い志と人間的な深さでそれを「立方体」にしていってください。

大事なことは、あなたが「点」に降りた瞬間、**そこは戦場**だということ。社会はあなたの生まれる前から動いていて、あなたが死んだ後も動き続ける。戦場が言い過ぎなら、すでに始まっているサッカーやラグビーの試合に放り込まれる感じでしょうか。ボールを奪って、自らゴールに向かっていく気概・気迫が必要。

自分の職業に無関係のバイトをしている暇なんてありません。お金を稼ぐとともに職業訓練もできる。そうして経験を積んで、将来の戦場（やっぱり戦場だよ）に備えてください。

追伸：**やりたいこと＝志望職種が決まっている前提**で僕は話しています。18年も生きてきて、やりたいことが「分からない」は嘘。本当は無邪気なやりたいことが100個くらいあって（アイドル、お花屋さん、スポーツ選手、教師etc.）、それを小学校・中学校・高校と進んできた過程で「さすがに無理か……」と消去法で10個以内にしてきて、それを最終的に「選べない」だけですよね。仮にやりたいことがなくて、『サザエさん』や『ちびまる子ちゃん』や『ドラえもん』のなかで提示されているような暮らしができれば十分だったとしても、それを達成するためにはお金が要《い》る、パートナーが要る、子どもが……。そんなの、よほど実家が裕福か、本人の生き方がしっかりしていない限り「普通に」手に入るものではない。そのために、「やらなければならないこと」はたくさんある。

結局、何かの職業で食べていかないと駄目なんです。「やりたいこと」でも「やらなければならないこと」でもいい、今すぐ決めてください。え？　簡単に決めて「やりたいこと」が変わったらどうするんですか、って？

そんなの、変えたらいいじゃないですか。だってあなたはまだ空中にいる。降りる「点」はいくらでも選べる。

ビビらなくてもいい、どうせどこかには降りなければいけないし、その後、命がけで地上戦を展開しなければいけない。だから、空の上（＝飛行機や飛行船やヘリコプター内）で自分をできるだけ鍛えておくんですよ。

がんばれ、がんばれ。

追伸の追伸：大人の読者さんのために、1マス横に徐々に「陣地を広げていく」感覚の具体例を出しましょう。

僕はもともと史学科卒の日本史講師です。そこから科目で言えば世界史→政治経済→倫理→地理へと拡大しました。また、講義形式としては小教室の集団授業からスタートし、家庭教師→個別指導→大教室の集団授業→映像授業へ。そして、講義対象は中学生の指導からスタートし、小学生→高校生・浪人生→大学生→社会人→シニア→幼稚園児へと拡大しました。講師→物書き→テレビタレント→ラジオパーソナリティ→リングアナウンサーなども同じですね。

このように生きてきて、気づいたことがあります。**あることに打ち込むより、1マス横に広げていくことのほうが、あることのスキルが劇的に上がるのです。**日本史の授業が上手くなりたければ世界史の授業をする、生授業が上手くなりたければ映像授業をする、高校生・浪人生の授業が上手くなりたければ大学生に授業をする、とかです。

そして何より、職業人としての総合力が上がります。もちろん仕事は途切れなくなる。いいことばかりです。ぜひ実践を。

人生で大切なのは？

Q31

人生で大切なのは時間ですか、それともお金ですか。賀一先生の考えを教えてください。

21歳・学生

ああ、それは**人それぞれ**でしょう。
時間は、パッと見は平等です。古今東西、ナポレオンのような英雄から餓死寸前の貧困者まで全員に等しく時間は割り当てられていますし、それを運命と呼ぶのでしょうが、じつは時間はお金で買える。したくないことに割《さ》く時間が減るからです。
金（ここでは通貨〔円やドル〕と正貨〔金や銀〕）は、不平等に苛《さいな》まれている人が多く持てば平等に近づくのですが、そもそも最初にあるなしの不平等が存在する。「ガチャ」ってやつですね。たしかに「〝**世のなかは**〟**経済力**」です。「〝自分のなかは〟カネだけじゃない」という気概はあっても、その現実から逃れることはできません。〝世のなか〟はコインランドリーと一緒で、お金を入れたぶんしか回らない。こう書けば、結局お金が大事に見えますね。
僕は、**お金を持つ最大のメリットは、「お金のことを考えなくていい」こと**にあるように思います。買い物をするとき、値札を見ないで好きなものをレジに持っていける。移動は、迷わずタクシーやグリーン車に乗れる。行きたいところにいくらでも行ける。仕事を休んだってかまわないし、クビになってもいい。だってお金があるから。いいホテルや旅館に泊まれる、病気やケガをして入院するときもよい病室に入れる。老後は豪華客船で世界一周でもいいし、快適な高級シニアレジデンスに入居。最期は隣接するケア棟に移動して……など。また、例えば酒・煙草をやらない人（僕もですが）は「身体に悪いから酒・煙草をやめなければ」と考えて断酒や禁煙に苦しむ必要はないですよね。パチスロや麻雀をしない人が、街でパチ屋や雀荘が目に入らないのと同じ。こんなふうに、お金のこと考えなくていいのは、楽だと考える人は多いのではないでしょうか？

でも、愛が一番だと言う人もいるし、ある宗教を流布することが大事だと言う人もいる。政治改革に命がけの人もいれば、推しを推すことがすべてだと言う人もいる。

本当に人それぞれです。

一応、質問してもらったので答えると。僕にとって大切なのは、残りの人生を「**生ききること**」です。何も残さなくていい。僕は自分が大好きな、価値のある人に愛されたことがあるから、それで十分なのです。

でも人間は欲張り。じつは1つだけ目標があります。

何歳まで生きるか知りませんが、それでも72歳の8月までは生きて1冊の本を書きたいと思っています。

2045年8月に、人類は第二次世界大戦終結100周年を迎えます。そのとき、世界中の注目がドイツのヒトラー総統と日本の昭和天皇とアメリカのトルーマン大統領に、それなりに集まります。

僕は、どんな人気作家（それは川端康成・大江健三郎といったノーベル文学賞受賞者や村上春樹のような大物）であっても、世界中で読まれているとは思いません。ラテンアメリカやアフリカ、西アジアや中央アジアで日本人の作品がどれだけ読まれているでしょう？　逆を考えてみれば分かります。その地域の作家の作品を、ラテンアメリカのガルシア＝マルケス以外に読んでいる人はいますか？　こんなに読書の文化が浸透している日本ですら、これです。

僕は、日本人の作家が書いた本を世界中が読んでくれるチャンスは、１００年に一度だと思っています。それが２０４５年。そのとき、おそらく核兵器は１００年使われていない。そう信じています。

ナチス＝ドイツのホロコースト（ユダヤ人大量虐殺）の責任を取らず56歳で自殺したヒトラーと、戦争責任を取らず87歳で天寿を全《まっと》うした昭和天皇と、原爆を落としたトルーマン（前任者のフランクリン＝ローズヴェルトを含む）にそれなりに注目が集まることは間違いない。

そこで僕は、昭和天皇と昭和の64年を書ききり、世界に打って出ます。どんなことがあっても、悪意の塊である核兵器を多数の民間人の上に落とすのは間違いやで、と声を大にして世界中に言いたい。本当のことを言いまくって、それで暗殺されてもいい。そのほうがその本は読まれるから、何なら暗殺されたいです。そこまでしないと、人間扱いされていない有色人種が注目されることもないだろう、とすら思います。

そのために、法政大学の文学部史学科（文系）と早稲田大学の教育学部教育学科生涯教育学専修（文理共通）を出た僕は、2025年に受験して、某国立大学の某学部某学科（理系）に行きます（今ここで書くと今年の倍率が無駄に上がって受験生に迷惑をかけるので伏せます）。

そしてその後、早稲田の教育学部に戻って修士課程を出て、さらに早稲田のビジネススクールでMBA〔経営学修士〕を取り、その後、広島大学法学部で憲法を学び、長崎大学多文化社会学部で多文化共生を学び、そのあいだ、どこかのタイミングでイギリスの大学院に1年間留学して教育学を学び、最後に早稲田の教育学部の博士課程に在籍しながら、アメリカに住んで、そこで本を書き上げるつもりです。文理を横断したさまざまなことを知ったうえで仕上げたいのです。

そこまでは生きたい。それが、欲張りな僕の大きな目標であり、人生で大切なことです。ほら、全然再現性がないでしょう？　よくもわるくも誰も真似できない。ことほど左様に、人それぞれなんです。あなたも好きに生きてください。

文系の大学院

Q32

日本において、文系の大学院に進学することのメリットは何ですか。

20歳・大学生

日本の場合、学部からそのまま上がるなら、博士号〔ドクター〕を取得して研究者になることや教員の専修免許取得など以外、普通はメリットがないと考えるでしょうね。

理系なら、学士号〔バチェラー〕より修士課程〔博士前期課程〕出て修士号〔マスター〕取得したほうがベターと言われますが、僕の高3時に好きだった人は学部卒で、その後、誰もが知る超大手企業の主幹研究員になっています。2年ほど前、50歳で某国立大学の大学院で博士号を取ったことをネットで知りました。修士号をパスしていて格好いい（笑）

これもまた「**人それぞれ**」なんです。人生そのものとメリットのあるなしは別だろう、と言う人もいますし、文系でも職種によっては修士卒のほうがそれなりに説得力を持つ場合もあります。僕が長く属してきた塾・予備校業界もそうですね。何となく頭がよく見えるというか、まあその程度ですが。とはいえ、大学院なんていったん社会に出て働いてから通ってもいいわけですし、何とも言えません。

例えばQ14で登場した向井花さんは、香川県の私立高校を2年秋に中退、高等学校卒業程度認定〔高認〕（もとの大学入学資格検定〔大検〕）を経て、上京して1浪の末に早稲田大学文学部に入学されました。卒業後の進路に迷われていましたが、僕は教育学部の博士前期課程〔修士課程〕への進学を勧め、Q34に登場する濱中淳子先生（東大で博士号取得）を紹介しました。なぜか？　濱中先生に学ぶ価値があると思ったこと、向井さんの俳優としてのキャリアに「早稲田の院卒＝高学校歴×高学歴」が効くと思ったからです。こんな人はなかなかいない、という希少価値です。

僕は、個人的な知り合いでもある小宮山《こみやま》利恵子さんの『レア力《りょく》で生きる』（KADOKAWA）の愛読者で、常に希少価値＝レア力を意識しています。

小宮山さんは、早稲田の修士課程を出たスタディサプリ教育AI研究所所長かつ東京学芸大学大学院准教授ですが、ここには書ききれないほど同時並行で色んなことをしており、親近感が沸いているというか素直に敬意を払っています（もはや大好き）。国内四輪A級ライセンス、AOW（上級ダイビング資格）、唎酒師、網・わな狩猟免許まで取得しているのに、2023年から突如寿司修行に飛び込み、2025年春からは東京海洋大学大学院の博士課程学生としてまた飛び込むというビックリ箱みたいな人。常にモットーである「**学びで人生を切り拓《ひら》く**」を実践されていて、「レア力」の塊です。ちなみに僕のモットーは「怖くても、動こう」なので、比べてみれば小宮山さんの前のめりな姿勢が分かるでしょ？

それで、そもそもレアな向井さん（全国で面積最小の香川県出身＋お父さんが向井雅明先生＋高校中退＋映画に2本主演＋スタサプだけではなく僕の生授業も受けていた＋名門の早大文学部合格＋ミス着物美女準グランプリ＋デザフェス出演＋パリでJapan Expo出演などなど）に、早稲田の院卒（しかも文理横断の教育学にチェンジ）というさらなる「レア力」をつけたほうがいいと思ったのです。

ということで、日本で文系の大学院を出たことを活かせるかどうかは、その人次第、人それぞれです。そしてそれは、中卒・高卒・専門・短大卒も、海外の大卒も院卒も同じ。ほとんどの大人は、自身の生存バイアスがかかったポジショントークしかしません。それに振り回されないように。あなた次第です。行きたければ行けばいい。

最後にもう1人、いたく尊敬する6歳上の知人のモットーを紹介します。『ジェームズ・ボンド　仕事の流儀』『ジェームズ・ボンド「本物の男」25の金言』（講談社α新書）著者でもあるBLBG（ブリティッシュ・ラグジュアリー・ブランド・グループ）CEOかつヴァルカナイズ・ロンドン社長の田窪寿保《たくぼとしやす》さんの、「**今できる最高の無茶をする**」です。イケてるでしょ？　ご本人もめっちゃイケメンの、とてもオモロイ人です。究極のイギリスオタクというか、詳しくは本を読んでみてください。青山学院大学でMBA〔経営学修士〕取得、イギリスのヴァージン・アトランティック航空初の日本人社員……など、色々されていて格好いい！

僕は13年前に彼の本を読んでグローブ・トロッターのユーザーとなり、世界一グロトロのスーツケースを持っている男としてTV出演したこともあるくらいです。

ここでは向井さん・小宮山さん・田窪さんと3人の例を出しましたが、僕はこの人たちを見て、濱中先生のように大学教授にならないのであれば日本の文系院卒にメリットがない、とはとても言えません。何度も言いますが、「人それぞれ」「その人次第」なんです。

せっかくこのやり取りで知り合ったんだ。もはや知人のあなたがどんな道を選択するにせよ、陰ながら応援しています！

追伸：僕のもう1つのモットーは「出たとこ勝負」です。

質問を見ていると、若いのにどうも〝みなぎっていない〟気がする。だって「日本において、文系の大学院に進学するメリットは何ですか」って、ほとんど保護者か祖父母の質問ですよ。何かこう、自分自身を誰かにデリバリーしていく気持ちを持ったほうがいい。

2023年に亡くなった、振付師・演出家としてAKB48などの指導をされていた夏まゆみさんの「**目からビーム！　手からパワー！　毛穴からオーラ！**」は素敵な言葉だと思っています。がんに侵されて61歳で早逝《そうせい》（女性の平均寿命は87歳なのに）した彼女が最後に出した『人はいつでも、誰だって「エース」になれる！　心とからだが輝く72（ナツ）の言葉』（ビジネス社）をぜひ読んでみてください。

先ほど紹介した小宮山さんと田窪さんの著書もぜひ。人は、人の言葉からとても刺激を受けるものです。僕だってそうだったから。

ほら、元気出して行きましょう！

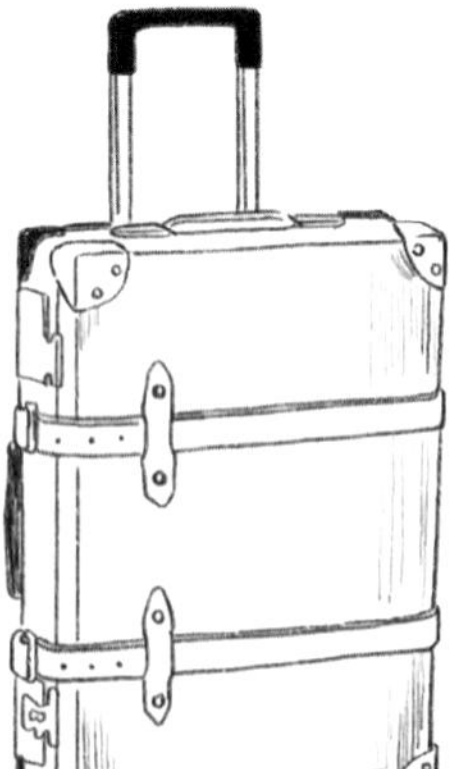

答えの出ない問い

Q33

大学で、「人口減少を防ぐためには？」や「教育格差を無くすには？」など、簡単には答えの出ない問いについて考える授業がありますが、数時間の話し合いで答えが出るならとっくに世のなかは変わっているだろうに、学生が話し合って意味があるのだろうか？　と思ってしまう瞬間があります。
それでも私たち学生がこういった問題について考える時間には意味があるのでしょうか。

19歳・大学生

自分も43歳で大学に入って思いましたが、たしかに意味はないでしょうね（笑）　特に、**前提知識のないグループワークは、教育現場から追放すべき**とすら思います。

ただし、「答えのないことを考える」人文・社会科学＝文系の頂点に君臨するのは哲学です。その哲学は、大陸合理論のデカルトを見ても分かるように、突き詰めれば「答えのあることを考える」自然科学＝理系の頂点である数学・物理学でもあります。**結局、文系も理系も行きつくところは同じ。**だから僕は、もともと哲学と並んで人文科学の象徴である歴史学（法政大学文学部史学科）卒ですが、社会科学と自然科学、そしてその3つを横断する教育学にも触れたいと思い、まずは全体を俯瞰しようと早稲田大学教育学部教育学科生涯教育学専修に再入学、社会教育学を中心に学びました。それで、52歳からは自然科学。さらに56歳で教育学部の修士課程で次は教育社会学を中心に学んで、58歳からは社会科学の経済学（経営学・商学を含む）を学ぶため早稲田大学商学学術院ビジネススクールの夜間主に通い、60歳でMBA〔経営学修士〕を取るつもりです。還暦までに学士〔バチェラー〕が3つ、修士〔マスター〕が2つ。

そこからさらに広島大学で社会科学の法学部、長崎大学の多文化社会学部でこれまた教育学と同じように横断型の多文化共生について学び、あいだにイギリス留学を挟み、早稲田の教育学部の博士後期課程に戻ります。この段階で、2045年の9月に73歳を迎えるでしょう。

僕は、1日前だろうが「過去」のことはすべて歴史で、「現在《いま》」深く考えるのがすべての学問の根本である哲学、「未来」に最重要なのは教育だと思っているので、歴史学でスタートして教育学をラストにします。そして、今このように考えているのが僕なりの哲学です。

全部合わせるとおそらく学士号が法政・早稲田・某国立（受験中なので書けない）・広島・長崎の5つ、修士号が早稲田×2（教育・MBA）・イギリスのどこかの3つ。博士号は、たぶん単位取得退学になるだけで取れません。次のQ34に出てくる未来の指導教授の定年退官を間近で見届けるために行くようなものです（笑）

僕は、**生涯一学徒**。正直、学位なんてどうでもいい。ただ学び続けるだけです（だから高等教育を再開するにあたって生涯教育学専修を選んだのです）。

そして前述したように、2045年の夏に学びの集大成を1冊の本にまとめ、世界に打って出ます。あなたは孔子曰く「不惑」の40歳になる年に、腰が据わっている状態で僕のその作品を読むでしょう。よろしくどうぞ。

追伸：長々と書いてきましたが、あなたはまだ世のなかに無数に転がっている「問い」を自分のなかでかたちにしていないから不安なのだと思います。

そして、公立の小学校・中学校のように「ただ同じ年に近所に生まれただけ」の人が集まってグループワークをするのと、奇跡のように全国からさまざまな年齢の人間が集まった大学の一授業で学生が討論し合うのは、また意味が違うと思います。後者は、その様子を専門の研究者が見守ってくれている。

僕は最初に「前提知識のないグループワークは、教育現場から追放すべき」と突き放すようなことを書きましたが、それでも。

大学4年時、ある教授の少人数ゼミで、学生に対して相応の準備を要求する姿勢と見事なファシリテーションに感銘を受けました。そして、「**どんな授業も教員次第**」と考えを修正したのです。

その人こそ、続いて登場する濱中淳子先生なのでした。

大規模教室での授業

Q34

大規模教室での授業方法についてアドバイスをください！　とくに、授業の内容には大して関心がないのに、必修だから受講している学生が多いといった場合……。講演などに呼んでもらったときは、自分の話に関心がある人が相手ですからこちらも話しやすいですし、大学院生を相手にする授業も、皆だいたい熱心なので話を聞いてくれます。少人数授業も、学生と対話ができるので進行しやすいです。ただ、必修の大規模授業だけはどうにもならず、毎回「今日もうまくいかなかったなあ」と反省ばかりです（といっても、講演も院生授業も少人数授業も、反省ネタばかりなのですが）。

スーパー予備校教師の賀一さんにぜひアドバイスをいただきたいです！

50歳・大学教員／研究者　濱中淳子先生

まずは読者の皆さんに濱中淳子先生をご紹介します。

第二次ベビーブーム（1971〜74年）最後の年である1974年、富山県富山市に生まれ、県内トップの富山中部高校理数科から現役で東大理科Ⅱ類に合格。1〜2年の教養課程で駒場キャンパスに通われた後、3年時の「進振り〔進学振り分け〕」であえて文転し、本郷キャンパスの教育学部に進まれました。学部卒業後は修士課程を経て博士課程までを28歳で終え、その4年後、32歳で博士号（教育学）を取得されています。

そして、リクルートワークス研究所研究員、独立行政法人大学入試センター助教→准教授→教授を経て、2017年に東京大学高大接続研究開発センター教授。2019年より早稲田大学教育・総合科学学術院教授（教育学部教育学科生涯教育学専修）を務めていらっしゃいます。その間、ご結婚されて旧姓から濱中姓となられ、一女の母でもあるというご経歴。

僕は、書籍・論文を執筆したり講義・講演をしたりする人は自分が「何者」なのかを明らかにするべきだと思っているので、あえてここまで細かく記してみました。

「**どのような立ち位置からこの人はこの話題に対しこのような見解を述べているのか**」という視点は、とても大事です。芸事や制作物で勝負する芸術家（芸能従事者・画家など）や小説家、ＹｏｕＴｕｂｅｒやＶｔｕｂｅｒとは違うのです。

さて、つたない経験値ですが、大規模教室の集団授業をやってきた数だけは多いので、先生のご質問に対して自分なりに答えようと思います。

読者の皆さんもご存知のように講義・講演は規模や形式、対象年齢、有料・無料の別、選択・必修の別などにより必要なスキルが違います。１対１の家庭教師、１対１〜３の個別指導、小教室の集団授業、大教室の集団授業、ゼミ形式の討論、グループワークのファシリテーション、大会場での講演、映像授業の同時中継、映像授業の収録……。対象年齢だって幼児からシニアまでさまざまです。もちろん有料講座のほうが無料講座より、そして選択講座のほうが必修講座より、モチベーションは高いです。

謙虚に相談されていますが、濱中先生はおそらくこれらすべてを経験されています。そして自分も実際に受講したことがあるので分かりますが、大教室の必修講義がイマイチだなんて全く思いませんし、むしろかなり上手い（プロどうしなのでお世辞ではなく）。ただ、ご本人が相対的に不得手と感じていらっしゃる、ということです。それは、僕が少人数相手だと「圧が強すぎる」と言われ、グループワークのファシリテーションだと「喋

り過ぎ」と言われ、相対的に不得手なのと同じかと（笑）

まず、**大学1年の必修授業時は、「受験生時代ほどモチベーションが上がらない」かつ「予備校講師たちと比べられてしまう」**という不利な点がありますね。大都市には駿台・河合という大手予備校があり、さらに代々木ゼミナール・四谷学院などの中堅予備校や、北九州予備校・秀英予備校・早稲田予備校といった地域限定型の予備校が存在し、それなりの難度（大手2つは少なくとも高校教員よりは狭き門）の採用試験をクリアした、熱意ある受験指導者の講義が展開されています。

受験が直前に迫り、授業を聞かねばというマインドセットがある生徒たちに、全力で「勉強（決して奥深い「学問」ではない）」を叩きこむ予備校講師たちの講義と比べられてしまう、ただそれだけでは？　と思います。

次に、**大学2・3年の必修授業時は、「大学生活の中だるみ」「理想と現実のギャップの悩みが頂点」という事情**が入ってきます。典型的な例を挙げると「彼氏や彼女に振られた」「バイト先で無駄に幅を利かせるようになり後輩にディスられ始めた」「夏休みの企業インターンが上手くいかず就活にすでに乗り遅れた」などの理由で、どこか無気力になりがち。さらに、彼らは「学生生活こんなはずじゃなかった」「もうすぐ社会人かよ」と、理想と現実のギャップに悩む時期でもあります。

まとめると、**まあ仕方ないのです。**僕の場合はゲスト講師として単発で登壇するので、学生さんたちからすればよい気分転換になる（しかも受験生時代を懐古できる）だけで、通年講義であれば寝てしまう学生さんは大量に出ると思います。

こう書きながら思いましたが、**必修授業では感謝の視点がうっかり薄れてしまう瞬間があるのかもしれません。**受講する側もそうですが、講義する側も、互いにサブスクリプションの意識が強い。時間を費やし、課金もしているんですけどね。

僕は教育者ではなく教育サービス業者なので、この瞬間がないと断言できます。僕を見つけてくれてありがとう、命の次に大事な時間とお金を使ってくれて本当にありがとう、という意識が異常に強いのです。だからこそ教壇では、いつもバリバリにゴキゲンです。ゴキゲンな人を見ていると人は楽しいもの。その楽しさが教室内に充満し、隠れた満足度になる。また受講したくなる。それがアンケートなどの結果に表れるのだと思います。

偉そうに書きましたが、僕はプロの視点で見て、先生の大教室の講義は見事だと思います。オープンゼミの捌《さば》きを見ても毎度痛感しますが、他の講義形式が素晴らしすぎて相対的な苦手意識をお持ちなだけで、僕が書いたようなことはすべて理解されているはずです。

前半で書いたように、先生は自らの来歴をフルに開示したうえであらゆる発言をなさる点で、周囲とは品格が違います。そして、教育社会学者として教育を絡めた「格差」問題から絶対に逃げない、綺麗事を言わない。

その一方で究極の理想主義者でもあることを僕は知っているし、信じてもいます。「究極の理想主義者〔アイデアリスト〕は、その過程において現実主義者〔リアリスト〕でなければばならない」という「見られる側」の原理原則の1つを、まさに体現されているわけで。

今後も「問いを立てる」、そしてそれを「探究する」、先生自身のクエストが待っています。自分のキャリア上、他大へと行きつ戻りつになりますが、女戦士・ワルキューレの活躍ぶりを、見つめています。44歳での移籍から70歳の定年退官までを見届けるのは、他ならぬ僕なのです（笑）

追伸：先生は、お洒落なのにフランク、きちんとしているのにお茶目、その二面性が学生たちを惹きつけます。お酒が強く明るいところも面白い。また一緒に飲みに行ってください……などと書くと、驚く読者もいらっしゃると思いますが、**大学・大学院に在学するということはフリーパスを手に入れたのと同じ**。図書館などの施設を使い倒し、かつ大学教員の方々と知り合いになり倒すもの。

大学くらいですよ、在学中に恩師と個人連絡先を交換したり、酒食の席をともにしたりできるのは。ということで僕は堂々と濱中先生と飲みに行きます。

追伸の追伸：先生の生まれた1974年は、第二次ベビーブーマー〔団塊ジュニア〕でもあり就職氷河期世代〔前期〕でもあるという点で、「失われた世代〔ロストジェネレーション〕」の代表的存在でしょうね。その立ち位置から、高等教育をはじめとした教育問題に切り込んでいける。これはかなりのアドバンテージだと思います。

バブル経済が崩壊したのは1991年2月で、先生より2歳上の僕は大学入学のため同年4月に上京しています。学生時代にはバブルの残骸も残っていたのですが、95年に社会人として世に出たときには……阿鼻叫喚《あびきょうかん》。

それでも、下りのエスカレーターを駆け上がるように今日まで生きてきました。つまり、今日まで生き延びている団塊ジュニアは、じつは極めてタフなのです。

日本の就職活動

Q35

日本の就職活動は型にはまっており、息苦しく感じます。この風潮はこれからも変わらないのでしょうか。伊藤先生の見解をお聞きしたいです。

20歳・学生

そうですかね?

現行方式で問題ないと考える企業は型通り、そうではない企業は独自の採用をします。その決定は営利団体である**法人（自然人ではなくても人）の自由なので、僕は全く何とも思いません。**大学受験で言えば、共通テスト込みの一般選抜、学校推薦型選抜、総合型選抜、付属校からの進学、この4つの集合体が、あなたの言う「型にはまっている」に近いのでしょうね。まだ経験すらしていないのに、**そんなに息苦しいですか?**

自然人で言えば結婚相手を選ぶのと同じで、お見合い・マッチングアプリ・〝自然な〟出会い（たいてい学校や職場）・政略結婚などがあり、美醜・高低・大小・学歴・職歴・年収・趣味・性癖などを各自が勝手に判断しています。**これに何か問題がありますか?**

社会人になれば分かりますが、「**決められた枠のなかで結果を出す**」のが仕事というもの。「枠」に対して異議があるなら、フリーランスで行くなり起業するなり、これもまた自由です。**誰も制約していません。**スポーツ選手がルールに対して異議を唱えないのと同じで、多数の民間企業が構成する社会にもルールがある、と考えるだけ。「打ったらサードに走りたい」「芝ではなく氷上でパックを打ちたい」「手で殴るだけじゃなく蹴りたい」なら、それぞれ野球↓球遊び、ホッケー↓アイスホッケー、ボクシング↓キックボクシングに転向してください。

まあ、入試方式に比べて就職活動は、合否の基準があまりにも曖昧だから不安になるわけで、その心情が解らないとも言いきれません。

あなたは、ある程度のルールがある「労働市場」において、自らに商品価値がつけられることに過敏になっている。でも、「恋愛市場」においてはもっと身も蓋《ふた》もないフリースタイル（という名のノールール、いやバーリ・トゥード〔何でもあり〕）の戦いが展開されており、弱肉強食・優勝劣敗・適者生存の法則が働いています。だからこそやはり言い放ちます。

もう20歳の大人なんやから、始まる前からグダグダ言うてないで気合入れんかい！

「世のなか」のルールはあなたが決めるものではないし、あなたの登場を待って戦いが始まるわけでもない。「戦場」に、落下傘で降りていくのです。**根性決めにゃあ、しょうがないだろう（笑）**

現代では、多様性だ何だと言いながらも、最低限、会社の理念に合わない人は排除する。当然それは「契約自由の原則」があるわけで自由です。それに対して、充実してきた各種の労働法が、RPG〔ロールプレイングゲーム〕で言う白魔法のように労働者を手厚く守っています。召喚魔法で労働基準監督署や弁護士・社会保険労務士まで呼び出すことができる。僕はここ10年ほど、厚生労働省委託の「労働条件セミナー」講師を務め、今やテキスト検討委員でもありますから、意外と「知りさえすれば」労働者が強いことは熟知しており、何なら解雇規制のある使用者側に同情する気持ちすら湧いています。こうした状況を知っていますか?

それから、**新卒の就活のときに黒髪黒スーツで同じ格好をさせられるのは、そのほうが本人自身の個性をフェアに比べられると思いませんか?** 僕には、社会主義や軍国主義のようには全く見えないです。その枠内でも、プチ整形やら縮毛矯正やらで十分修正しているわけだし、それでよいのでは?

以上のように、僕には、クライアントやステークホルダー＝お客のクレーム以外は何事も前向きにとらえるマインドがセットされています。

どんな枠内であれ、明るく、前向き！　これが就活成功の秘訣です。まあ、あなたは労働市場の商品なんだから、ボディビルの大会に出るつもりで（あれだって皆パンツ一丁でしょ?）、自分自身を見せつけてきてください。
あなたの心のなかにいる「（無知と気の小ささから来る）社会への不満と不安」という鬼を、気合と根性で滅してください。押忍！

追伸：このくらいの気迫がないと、よほど実家が裕福でない限り、資本主義社会、しかも民間企業でなんてやっていけませんよ。向いていないと思うなら公務員試験を受けるか、企業勤めは社会人としてのトレーニングだと割り切ってそのうち起業の道を探るか、フリーランス……いや、それだけは勧められない（笑）
2024年の秋、「フリーランス新法」が制定されたからといって、それは南極で毛布1枚渡されているのと変わりません。まあ、とにかく社会に揉まれて強くなってください。そのために、今回はわざと突き放すように答えました。冷たく見えたらごめんなさいね。

追伸の追伸：就活の裏ワザを2つ教えておきましょう。
まず、ジャストサイズのオーダースーツを買ってください。スーツはサイズ感がすべて、そこにお金を惜しんではいけません。それだけで、面接のときに輝いて見えますよ。

次に、そこそこ高価な靴を買って、中敷きを入れて物理的に高くもしてください（女性ならちょっと高めのヒールに）。立ち姿が5ミリでも高いほうが、足が長く見えるなど見栄えがいい。座ったときには座高が低く、謙虚にも見えます。

エントリーシートと筆記試験をクリアしたら、人は見た目が9割9分、というのが労働市場です。どうやらあなたは自分の「中身」を見てほしいと思っているようですが、そんなの不遜《ふそん》な態度です。どうして営利活動で忙しいときに、そこまでしなきゃならんのですか。だいたいその「中身」だって、口八丁手八丁でいくらでも「盛れる」でしょうに。だから、こういうものだと割り切って突っ込むか、外に飛び出すか、はっきり決めてください。

せっかく相談してくれたんだ、どんな道を選んだとしても応援していますよ。

将来の夢は必要？

Q36

塾講師のアルバイトで指導している高校生たちと話していると、みんな将来の夢を持っていてすごいなと思います。一方、自分にはこれといった夢も目標もありません。将来の夢というものは必要なのでしょうか？

21歳・大学生

ほとんどの人が言っている「夢」は達成可能な「目標」に過ぎないので、**そこまでマイナスの文脈で気にしなくていいのでは？**と思います。いや、そういう意味じゃなくて……とおっしゃるかもしれませんが、気にしている時点で僕にはマイナスに見えてしまいます。

もちろん、夢や目標はあったほうが他人に気に入られて生きやすいと思います。現代的な（人目を気にする＝あなたのような）レーダー型ではなく、近代型な（視野が狭いかもしれないが活力のある＝アルバイト先の高校生のような）ジャイロスコープ（羅《ら》針《しん》盤《ばん》）型のほうが分かりやすいし、味方が増える。まあ、時間とお金を使ってわざわざ塾（＝学校以外の場所）に来ている時点で、夢や目標がないほうが違和感ありますけどね（笑）

ここでも、あなたは「自分はレーダー型なんかじゃない」と思っているかもしれませんが、僕にこんな相談をするくらいには人目を気にしていますからね……。

よし、せっかく相談してくれたんだ。立ち止まって考えてみましょうよ。あなたに何か大きな「夢」はありますか？　幼少期まで遡って、考えてみてください。たくさんあったでしょうよ……ほら消去法でウルトラマンが消えた、戦隊ヒーローの赤《レッド》が消えた、オリンピックで金メダルが消えた、ノーベル賞が消えた……という調子で5分。邪念を入れたらアカンよ。5分以上考えたものは利害関係丸出しの、もはや他人の意見ですからね。

と考えていけば、いくつか残ったでしょ、恥ずかしいのが（笑）武道館でコンサートとか芥川賞とかさ。読者の皆さんも一緒に考えてみてください。え？ ない？「普通の暮らし」ができれば十分？ おお、それは立派な「夢」だ。何が普通かは別として、それほど大変なものはなかなかないですからね。


はい、5分経ちました。いいですか。今、そこに残っているのは「夢」ではなくあなたの「大目標」です。そこから逆算して、「小目標」は自動的に決まります。例えば「普通の暮らし」というのは、よっぽど健康で実家が裕福で親子関係が良好で、素敵なパートナーに出会って……など惑星の配列レベルで恵まれていなければ、超大変。健康を維持していくための○○、暮らしていけるだけの収入を確保するための○○、モテるための○○……「小目標」がたくさん必要になる。

話題を元に戻しますが、本当の「夢」は、このような大小の目標をクリアしていくと改めて見えてきます。安心してください。まあ、ジャイロスコープ型の、そして自分より若い世代の人に囲まれて不安だったんですよね。大丈夫、だいじょうぶ。

福沢諭吉の名言を知っていますか？　「天は人の上に人を造らず、人の下に人を造らず」は、彼の言葉ではないですよ。アメリカの文献からの引用で天賦人権論を紹介しただけ。「……と云《い》えり」ですからね。

彼自身の言葉としては、下級武士で不遇だった父を慮《おもんぱか》った「門閥制度は親の敵《かたき》でござる」や、独立自尊の精神を育て実学の導入による文明化を提唱した「一身独立して一国独立す」もありますが、僕が一番好きなのはこれ。尊敬する先生（昭和学院秀英高校の日本史・宇津木大平《だいへい》先生）からの聞き伝えですが、福沢諭吉が人に相談を受けたときに、激励でよく使っていた言葉らしいです。

「今から」

さあ、堂々とあなたの羅針盤が指し示す場所に向かって行ってください！

追伸：渋谷学園幕張高校〔渋幕〕の高橋哲《あきら》先生や、元都立白鴎高校の河合敦《あつし》先生（今や歴史作家として超有名！）のように、高校の社会科の先生は実力者が多いです。なぜか？　社会は英語と違って、得意だったところで就職先がないからです。前述した宇津木先生もそうですが、僕は学校の先生で尊敬する人はたくさんいます。久々に母校を訪ねていって、こういう悩みがあるんですけど……と、現場で常に高校生と一緒にいる先生に相談するのもいいと思います。僕の意見が絶対ではない。読者の皆さんも、本書をヒントに色んな人（ただし信用できる人）に話を聞いてみてください。

担当編集者からの回答

4歳のころ、七夕の短冊には「シャイニールミナスになれますように」と書いた。今よりずっと内向的な性格だったわりに、金髪ツインテールのプリキュアに憧れていた過去もあったらしい。20年の時を経てもなお、その短冊について家族からイジられるのは、それだけ現実と乖離した突拍子のない夢だったということだ。

小学生のころまでは、七夕でなくとも何らかのかたちで将来の夢を宣言する場面があったように思う。それがいつしか、夢を訊かれる機会自体が減っていったので、自分からあえて口に出すこともしなくなった。できなくなった、と言うほうが正しいのかもしれない。

大学3年生から始めた就職活動では一貫して編集者を志望していたものの、家族や友人には堂々とその意思を宣言できずにいた。私なんかが（出版業界のなかでも花形の）編集職を目指しているなんて言ったら笑われるだろう、と恐れていたからだ。しかし、編集者になりたい私を誰よりも嘲笑い、後ろ指をさしていたのは紛れもなく私自身だったように思う。どうせ無理だ、と一度でも考えてしまうと、それを夢や目標と呼ぶことは躊躇われる。どんな仕事に就きたいの？　と親戚から訊かれたときは、曖昧に「本とかに関わる感じ」と答えていた。

恥ずかしいから誰にも言わず、しかし強めに願い続けていたら、今年から編集者として働くことになった。しかも、編集者なのに、はじめての担当作でこうしてあなたのお悩みにまで回答してしまっている。こんな未来をいったい誰が想像しただろうか。

こんなふうに、夢や目標なんて掲げたところでどうせ人生は思いもよらぬ方向に進んでいくのだろうけれど、それはそれでいいこともある。あります。大丈夫。

だからあなたも、自分自身には嘘をつかず、夢や目標と呼べるものを見つけられますように。そして、突き進んでいった先で素敵な出会いに恵まれますように。

仲間を信頼できない

Q37

仲間を信頼できず、迷いがある状態です。そろそろ今の組織を出て自分で仲間選びをしたいと思っているのですが、仲間を信頼できない自分に問題があるのかなとも感じています。こんな状況になったとき、賀一先生ならどんな選択をされるのか知りたいです。

26歳・会社員

信頼しなくていいです。周囲もあなたを信頼していないはず。あなたはすでに26歳。高卒だろうが大卒だろうが院卒だろうが「新人」の時期は過ぎ、よくもわるくも学べるものは学んだ末に、この状況。**ともに本物の修羅場をくぐった経験がないから仲間意識が芽生えない。**

ということは、**そこにいるのは潮時**なのです。経営陣＝使用者側は別として、労働者側としては**ヌルい職場だから。**

潮時には2つあります。まず、「居心地いいな」の場合。これは成長するために、コンフォートゾーンを抜ける時期が来たということです。次に「余裕だな」の場合（これがあなたの状況です）。周囲にイライラしつつも優越感に浸れる、これもコンフォートゾーンなのです。そこから出られない職業人は、成長と勝負を避ける傾向が強い。

「自分で仲間選びをしたい」というのは、おそらく『ONE PIECE』（集英社）の主人公ルフィが言う台詞であって、読者の皆さんだって「（そこら辺の26歳の小僧や小娘が）どんだけ上から目線なんだ」と、微笑ましく見ているかと。

「いや自分は違う」と言うなら、とっとと独立するかフリーランスになるべきです。人様＝経営陣が命がけで起業・発展させた企業を利用して学ぶのは、もう終わり。その職場はあなたにとっては学校だったんですよ。それなら卒業しなければだめ。
最後に、僕の自作の標語（？）を示しておきます。「**リスクを取り、デンジャーを避け、ポイズンに近づかない**」。これさえ守っていれば、イケイケでいい。人生一度きり。そしてあなたは、そこでは確かに主人公です。
応援しています！

追伸：人間関係については仕事と逆で、コンフォートゾーンは決して手放してはいけません。繰り返します。決して、です。
もし物足りないのなら、ゾーンの面積や数を増やせばいいだけの話。心のなかに素敵な人をしまい込んで、生きていってください。

追伸の追伸：そもそも職場に仲間が必要という発想が僕には分からないので、上手く回答できていないかもしれません。
互いに違う山の断崖を上っており、具体的に助け合うことはできないけれど、たまに遠くから目線を合わせたり、大声で声を掛け合たりする。これが僕の思う「仲間」です。

永田塾や秀英予備校、スタサプ、共著などで何度もご一緒してきた、英語の関正生先生はその典型。覚悟を決めた人どうしの距離感は、中途半端な人どうしには分からないと思います。慣れ合いではない、しかし互いに敬意を持ち続ける交流。

このように、ともに本物の修羅場をくぐった経験があるか？　というのは、互いに相手を信頼したことがあるか？　と同義語なのです。

あなたも素敵な人々と出逢えますように（笑）

選挙に行きたい

Q38

今年から選挙権を持ちます。自分の住む国のことなので、18歳になったら絶対に選挙に行きたいと考えているのですが、現時点では選挙のシステムすらよく分かっていません。政治のことをあまり知らないのに選挙に行ってもいいのでしょうか。

17歳・高校生

どうぞ行ってください。というか、選挙のことなど一瞬で学べます。例えば僕の著書『くわしい 中学公民』（文英堂）や『きめる！共通テスト 公共+倫理』（Gakken）の該当範囲を読んでください。以上。

……のように一刀両断されたいわけではなく、**どの政治家や政党を選べばいいのかが分からない**んですよね。そんなの大人だって、大して分かっていないですよ（笑）

まず、**政治家と官僚の違い**です。東京都の千代田区は特別な場所で、古代で言えば平城京や平安京の大内裏《だいだいり》＝宮《みや》の部分にあたるので、東日本大震災の計画停電時にも停電しませんでした。そのような決まりなのです。

国会議事堂のある〝永田町《ながたちょう》〟が立法、内閣の官庁街である〝霞ヶ関《かすみがせき》〟が行政、最高裁判所のある〝隼町《はやぶさちょう》〟が司法を担当し、三権分立となっています。

〝永田町〟にいるのが国会議員（衆議院議員・参議院議員）で、他力の人気投票で選ばれた人です。〝霞ヶ関〟にいるのが官僚（キャリア〈総合〉・ノンキャリア〈専門職・一般職〉）で、自力で公務員試験に合格した人です。〝隼町〟にいるのが裁判官で、自力で司法試験に合格して司法修習を終えた人です。

日本では、イギリスと同じように「議院内閣制」といって、国会と内閣が連動しており、内閣は（天皇や国民ではなく）国会に対し連帯して責任を負っています。特に衆議院の与党の党首が内閣総理大臣を務め、実質的に立法権と行政権を押さえており、（法案提出権がなく解散権もない）アメリカの大統領よりも、ある意味で強い状態にありま す。首相官邸が〝霞ヶ関〟ではなく〝永田町〟にあるのはそれを象徴しているように思います。この内閣総理大臣＝首相は、選挙で選ぶことができません。私たちが選べるのは、国会議員の主要勢力≒与党がどこか、というだけです。

ここで大事なのは、他力で選ばれた**政治家たちは「国民の利益＝国民益」のために働く**ということと、自力でなった**官僚たちは「国の利益＝国益」のために働く**ということです。これを混同している人が多い。例えば官僚たちが国民益のために動いたら、誰が国益を考えるのでしょう？　**国民益と国益を同時並行で考え、双方のために働くのは、内閣総理大臣＝首相が任免する国務大臣や副大臣・大臣政務官の仕事**です。〝永田町〟の国会と〝霞ヶ関〟の内閣の双方に所属しているからです。**ズバリ言えば、与党の仕事**です。

選挙って大事なんだな、ということが半分くらい分かってもらえましたか？　これで個人を選ぶ要素が強い**選挙区の投票**も半分くらい大丈夫（たいてい政党に所属してますもんね）。

さて、次は政党を選ぶ要素が圧倒的に強い**比例代表制の投票**についてです。ここからは**政党＝議員を輩出して政権獲得・維持に努める民間の政治団体**の話をしましょう。

前提として、国民益を考える野党の政治家たちは、与党にならない限り、ほぼ何の政策も実現できません。国益を考える官僚たちを動かせないからです。ただし、与党の暴走を止める役割はそれなりにできます。

2024年10月の衆議院議員総選挙の結果、与党と野党の間に立つような野党・国民民主党が登場しましたが、「や」党なのだけど「よ」党に協力して政策を実現しようとしています。これが「ゆ」党です（マスコミの造語ですが）。や・ゆ・よ、それぞれ存在意義はありますが、本音を言えばどの党も与党になりたいはず。なぜなら「政権獲得・維持に努める」のが政党の定義だから。到底実現できそうもない理想を語ってばかりで、政権獲得の意志がなさそうな野党もあるから面倒なんですけどね……。

さて、ここからは著者生命をかけて踏み込みますが、おおむねこういう感じだと思ってください。あくまでも歴史や公民の教科書から得た情報を整理した、個人的な解釈です。

政党を把握するには、「左右」と「上下」が大事です。

第1章でも書きましたが、**「左＝革新」**で、「（結果の）平等」を重視する社会主義に近いほうで、左の要素が強ければ共産主義（赤色）、そこまで強くなければリベラル（ピンクや桜色）などと呼ばれます。これが究極までいくと無政府主義（アナーキズム）（黒色）に到達してテロ集団になる場合もあります。「左＝革新」は、人間は必ず進歩する、と考える進歩主義者が相対的に多く、過去を否定しがちです。もっと言えば未来に対する**「理想主義」的要素が強い陣営**です。上下に関しては「下＝労働者（プロレタリアート）」の味方で、「上＝資本家（ブルジョワジー）」は仮想敵に近いです。

そして「右＝保守」で、（機会の）平等に気を配りつつ「自由」を重視する自由主義に近いほうで、極端な自己責任論は新自由主義と呼ばれます。「右＝保守」は、極端でない限り「現実主義」的要素が強い陣営です。アメリカとの新日米安全保障条約や〝専守防衛〟の自衛隊にも賛成。しかし、過去を美化する復古主義思想が入る場合もあり、これが高じればアメリカに頼ることなど考えられず、国軍を持て、ということになります。こちらは色使いで思想を強調する風潮はありません。上下に関しては、努力や結果は正当に認められるべき、と考えるので、「上」の味方というよりも、税金多く払ってくれているからいいだろう（でもズルすんなよ）という感じで、正直そこまで気にしていないようです……。

では、2024年11月現在の感覚で、左から右へ政党を並べていきますね。

日本共産党→れいわ新選組→社会民主党→立憲民主党→国民民主党→公明党→自由民主党→参政党→日本保守党です。それぞれの党のなかに左派（＝革新寄り）と右派（＝保守寄り）があるから一概には言えませんけどね。国民民主党は与党である自公政権に「部分連合」状態ですから、ここにしました。

ちなみに僕には、どの党の政治家や支持者にも知り合いがいます。**どの政党を支持するか、というのは、酒や煙草、ペット、趣味、宗教、好きな球団、推しなどと同じで、違法ではないのだから他人が口出しするものではない。**そう思って全員とフラットに付き合っています。

結論。選挙には行ってください。

追伸：とはいえ僕も、社会科講師のくせに23歳まで選挙に行ったことがなかったのです。きっかけは立憲民主党の海江田万里《かいえだばんり》先生でした。

新卒2年目、高田馬場の塾に休日出勤し、休憩がてら1階の窓を開けて閑散とした通りを眺めていたら、真剣な声が聴こえてきました。1996年当時、東京1区は自民党の与謝野馨《よさのかおる》の圧勝モードで勝てそうもなかったけれど、民主党の海江田さんは誰も聴いていない（本当に車がぽつぽつ通る以外、周囲に誰もいなかった）のに独り、一生懸命に演説していました。僕は窓からこっそり首を出したまま、手抜きなしの演説を、独り最後まで聴きました。

明けた月曜日の朝、忙しそうな勤め人や学生が通過していく駅前のロータリーで、大多数の人に無視されながらもご本人がチラシを配っていました。僕はそれを無言で受け取ると、よし、と決意して、日曜の選挙に行ったのです。**「僕1人なんか行っても変わらない」のかどうかを確認する、というつもり**で。

先日、偶然にも議員会館で海江田先生と対談するお仕事が入り、28年前の話をご本人に伝えたところ、本当に喜ばれていました。このサイトに詳しく載っています。

https://kids.rurubu.jp/article/145677/

奇跡みたいな、本当の話。素敵な出逢いでした。

追伸の追伸：海江田先生の立憲民主党の主張とは違うかもしれませんが（これも政治の面白いところ）、僕は憲法改正の国民投票を一度実施すれば、投票率は上がると思っています。あなたはどうすれば投票率が上がると思いますか？
今度、選挙の感想とともに、気づいたことを教えてください。

女らしくない女は

Q39

女らしくない女は生きづらいです。この社会を生き抜くためのアドバイスはありますか。

22歳・学生

女らしさ、男らしさや、LGBTQ（レズビアン・ゲイ・バイセクシャル・トランスジェンダー・クィア or クエスチョニング）に代表される性的マイノリティについてもですが、**あなたが気持ちいいところに自分の意志で動いていけばいい**と思います。

実際の社会は広い。今のあなたの社会が狭いか、狭く見えているだけですよ。心配要らない。女らしさや男らしさを特に求められない世界線はあります。あるどころか、探せばそこら辺に転がっている。

たしかに、育ったコミュニティのさまざまな経験からこのような意見になられているはずで、これまでは辛かったでしょう。でも、大学を卒業したら、自分で稼いで好きなところに住んで、好きに暮らせばいい。どのようなご家族かは存じ上げませんし、さすがに血縁者からは逃れにくいかもしれませんが、それでも突き詰めれば他人です。このように考えたら幸せになれない、と思うかもしれませんが、夏目漱石は、その生い立ちや妻との不和から、家族の内にすら他人を見ていたことで有名です。さて彼は不幸だったでしょうか？　たしかに神経症と胃痛に悩みまくりましたが、千円札にまでなったことあるほどの仕事を残した人が、ですよ。

その答えは……誰にも分かりません。不幸かどうかは、漱石だけが決めることだからです。それと同じ。あなたの人生はあなたのもの。この池が生きづらいと思うなら、違う池に移動すればいい。社会人になったあなたは、小さく飛び跳ねる魚ではなく、翼を広げる白鳥です。飛べますよ。家族・地域・国家……を越えて、どこにでも。それは決して「逃げた」ことにはならない。

もし移動するのが嫌なら、自分や自分たちで、今いる社会を変えたらいい。誰も止めていない。あなたは自由です。

来年から、独り立ちしてください。

追伸：直接お会いしたことはないですが、僕はXで相互フォロー状態になっている「仮面女子」の猪狩《いがり》ともかさんを尊敬しています。彼女は、女らしさを全開にした「アイドル」を職業にされてきましたが、強風で落ちてきた湯島聖堂の巨大看板の下敷きになるという不幸な事故により、車いす生活を余儀なくされています。それでもリハビリに励み、芸能活動を続ける彼女は、とても輝いています。何というか、自分が選んだ場所で、全力で生きています。その姿で、社会に対してメッセージを放っています。

先方からフォローしていただいたので驚いてフォローバックしたのですが、ああ、この人は十二分に生きている、とその生命力に圧倒されました。

読者の皆さんを含め、あなたの相談に対する僕の回答は冷たいように感じるかもしれません。しんどいことは知っている。傷ついてきた結果、ここに来たことも、不信感から拗ねてしまったことも知っている。だからこそ、あなたが生命力を放つことを、嫌われてもいいから促したいのです。

今はまだ、思うような社会ではないし、思うような自分でもないでしょう。それでも、諦めないでほしい。社会はなかなか変わらないかもしれないけれど、あなたはこれからいくらでも変わっていくことができるのだから。

がんばれ、がんばれ。

老後を生きる意味

Q40

子供たちは手を離れ、夫婦も別居中です。これからの老後の目的が定まらず困っています。子供たちに頼りたくないと思いつつ、自分が寂しく孤独死する姿しか思い浮かびません。生物学的にも子育て後に生きているのは人間くらいだと聞きました。

これからの長い老後の意味を見出す手立てを教えてください。

50歳・教員

塾・予備校講師たる自分は闇夜《やみよ》の月の下で冷たい現実を教えるから、教員の方々には太陽の下で堂々と熱い理想を語ってほしい、と思いながら34年間仕事してきました。なのに……**しっかりしてくださいや、まだ人生半分でっせ！**

公立の正規教員＝公務員なんて、平安時代で言えば下級貴族、江戸時代なら下級武士。そこまで裕福ではないにしても、税で食えている特権階級じゃないですか……（本当のことを書いてすみません）。その矜持はどこへ行ったんですか？

そして、ものすごく欲張りですね。大人の事情で別居されているのは好きにすればいいけれど、お子さんもいらっしゃるし、現在は健康だ。何が駄目なんですか？

もしかして、何かやりたいことというか、野望があったのでしょうか？　僕より2歳下の1974年生まれは、Q34で書いたように第二次ベビーブーマーの最終学年かつ前期の氷河期世代。たしかに色々と大変だったはず。あなたは優秀だ。この世代で大学を出て教員採用試験に受かっているのだから、正直すごいですよ。

編集担当・袴田さん。この土壇場でこの世代の情けない（失礼）質問を持ってくるセンスは素敵です、本当に。

もしかしたら、更年期障害の症状の1つかもしれません。何だか色々と調子が悪い。

それは単純に年を取った、ということかも。

刺激を与えたり、深く考えたりするにはよい機会です、僕のおすすめアイテムを順に書くので試してみてください。同世代だからこそ提示できるアレとアレ。

まず刺激部門としては、映画『ロッキー』。シリーズ全体ではなく最初の1本だけでいいです。売れない役者が自ら脚本を書き、主人公「イタリアの種馬〔Stallion〕＝イタリア移民で手当たり次第の色男」ロッキー＝バルボアを演じきって、買収工作を蹴って低予算で仕上げたB級映画。それが1977年のアカデミー賞各部門を総なめしたのです。stallion（スタリオン）の語源であるイタリア語stallone（スタローネ）は……そう、シルベスター＝スタローン！『コブラ』や『ランボー』でさらにスターになりました。僕らの世代なら誰もが知る名優ですね。

この映画は、停滞していた彼が自身を奮い立たせるために作ったもの。ラストシーンでは、主人公が一念発起して自らを鍛え直し、最強の王者アポロと大接戦。ぜひ最後まで観てください。泣けるので。

次に、深い思索部門。倉本聰《そう》脚本のドラマ『北の国から』、これはシリーズすべてを観てください。主人公の五郎を演じる田中邦衛ではなく、僕らとほぼ同世代の純・螢《ほたる》の兄妹を演じる吉岡秀隆・中嶋朋子《なかじまともこ》、各スペシャル回でヒロインを演じる横山めぐみ・裕木奈江《ゆうきなえ》・宮沢りえ・内田有紀《ゆき》といった「本物」の役者さんから何かを感じ取ってほしいのです。

素晴らしい映画もドラマも、劇中の登場人物ではなく（それなら原作読んだほうがいい）、演じている役者から刺激や深い思索を得てください。彼らは皆、真剣で真摯です。

キツいことを言ってごめんなさい。これは僕の自分自身に対する戒めでもあります。2019年9月に『47都道府県の歴史と地理がわかる事典』（幻冬舎新書）が売れて、年内に20冊もの仕事がドサっと来て以来、特に書くことに対しては真剣さと真摯さに欠けていたように思います。〆切を守らないのは当たり前、物書きとして失格でした。多少売れたのはたまたまで、少なくとも自分の力ではないと思っています。

停滞しているのは僕自身でもあったのです。そのことに気づかせてくれて、本当にありがとうございました。

一緒にがんばりましょうや、そういう世代なんだから。

追伸‥僕も小学生の娘と息子がいます。この子たちに、親としてまともな後ろ姿を見せられるだろうか、と常に悩んでいます。なんか、自分が子どものころに思っていたような大人ではないんですよね、この世代。いつまでもコンビニで買い物するし、漫画も読むし。僕らの親世代とは全く違う。そのギャップに戸惑うこともありますが、まあ後悔はしていません。

今からまた、がんばりましょう。心から応援しています。

【番外編】

友達がいない

Q41

友達がいません。いない、と言ってしまえば傷つくかもしれないと思い浮かぶ顔はありますが、やっぱりいません。それ自体は気にしていませんが、ときどき無性に自分がひとりであることを実感して底なしの穴を覗きこむようなおそろしい気持ちになります。

歳を重ねると、このおそろしさは薄れますか、増しますか。賀一先生はどうですか。

23歳・編集者

最後だ。41個と数が中途半端なのは、僕が「最後に袴田さんの相談を入れてほしい」と編集長に頼んだからでしたね。

あなたがこの質問を持ってきたとき、戦慄しました。Q14の向井花さん経由で僕と直接知り合っているのに、これ。しかも向井さんが絶対にこれを読むことを分かっていて、これ。という規格外の怪物ぶりと、その優れたセンスに、です。そのうえで、読んだ瞬間の感想は、ただ一言。

「大好き！」

そうそう、それでいい。そうでなきゃ駄目なんだ（笑）よく切れるジャックナイフ、しかも柄ではなく刃のほうを握りしめ、全力で振りかぶる。時には自分自身に対しても平気で突き刺す。でも死なない。死なないよ、あなたは。

そしてその返事は、「大丈夫、平気ですから」ではない。

「兵器ですから」。

あなたほど、「適切な距離」が（いい意味で）難しい人はいない。でも、人一倍その点に気を遣って生きている。その姿に、僕はとても好感を持っています。何と言うか、無遠慮に「じろじろ見ない」ことが大切なんですよね。

僕は、あらゆる人（自然人も法人も）の最大のテーマは**「誠実であり続けることの困難さ」**だと思っています。そしてあなたは、究極のところ、それに忠実な人。それは自分自身に対して、お母さんに対して、お父さんに対して、恋人や先生や先輩・後輩を含む、周囲の人たちに対して。

誠実さは人とのパートナーシップと関係ありません。僕は長く歴史を学び・教えてきたなかで気づきましたが、「人はそれぞれ独りだ、そしてそのうち死ぬ」。これが人類史上唯一の真理です。

一人っ子として育ったあなた*は、『アナ雪』のようなシスターフッドとは無縁で、素晴らしい歌手（aiko さん）や作家（朝井リョウさん）に、大きな影響を受けてきた。近年では歌人（岡本真帆さん）も入るでしょう。

例えばその人たちは、あなたにとって「友人」ではなく、どんな人でしょうか？　おそらく「大切な人」だと思います。しかも、適切な距離を保ってくれる（だからあなたも近づきすぎない）。これまでの人生で、周囲を見渡せば、ほとんど口をきいたことはなくても、このような人がいたはずです。それは恋人でも、バイト先のおじさんでも、喫茶店の店員さんでもいい。いや、口のきけない、長年一緒に暮らしてきたぬいぐるみでもいいです。あなたは、誰か・何かのふとした褒め言葉や優しいまなざしを大切にしてきた。違いますか?

僕は、会ったことがあってもなくても、今の関係がどうであっても、その人たちがあるときふとかけてくれた言葉やまなざしを思い出すと、この先どんなことがあっても生きていけると思うのです。だから、あなたはそのままでいい。大切に思うものを大切に抱えて、生きていってください。

以前、あなたにだけ紹介した漫画『違国日記』の最終巻に、砂漠や海をイメージしたシーンがありますね。あれは本当にいい話だ。主人公の槙生ちゃんは、未熟なところもあるけれど、理想の大人です。もう1人の主人公の朝ちゃんも、「今は大丈夫、でも、もし」と言っている。とても誠実な作品だと思います。

あなたとは性別も年齢も違う僕が、あれらのシーンを模して言えることがあるとすれば。あなたは荒涼とした砂漠を独り往くんだ、僕は険しい山を独りで登るから。あなたは広い海に出なさい、僕は……そうだな、流れの速い川を、懸命に遡ろう。皆が笑って暮らせますように。

追伸：僕が特に影響を受けた人を書いておきましょう（敬称略）。会ったことのない年上の人なら……歌手は、さだまさし・中島みゆき。作家は、北杜夫・栗本薫（中島梓）・村山由佳。漫画家は、手塚治虫・楳図かずお・小山ゆう・新沢基栄《しんざわもとえい》。そしてアントニオ猪木。年下の人なら……歌手はNEWSの増田貴久。漫画家なら、東村アキコ。僕は、72歳で書き上げる本の表紙、その1枚絵は東村アキコ先生にお願いすると勝手に決めています。

ここに挙げた全員に対して、無理にコネを使って会おうとは思いません。手塚先生・北先生・栗本（中島）先生・楳図先生・猪木先生にはもう会えないけれど。これは、僕が「世に出る」のが間に合わなかったから。痛恨で、今も毎日悩んでいます。他の人たちとは会えるように、急がなければ。

会ったことのある年上の人なら……先生なら元TAP社会科責任者・小林浩、元永田塾塾長で東進ハイスクール講師・永田達三という仕事上の恩師。小林先生は春日部の「自然学園」で学園長をされています。永田先生は一部復帰して早稲田予備校で授業をされている模様。作家なら佐藤優・伊東潤・河合敦・松尾潔《きよし》。佐藤さんは言わずと知れた「知の巨人」。先人の知識人たちに対する不信感を拭った「本物」です。伊東さんは優れた気迫の人気小説家で、河合さんは元教員の歴史作家。2人とも、初対面で僕を褒めてくれた稀有《けう》な(?)人です。でも、その言葉には本当に救われました。松尾さんはレコード大賞や日本作詞大賞を受賞されている音楽プロデューサーかつ小説家。とにかく格好いいんです。4人の先輩方の共通点は、「漢」を貫くところ。心から尊敬するこの人たちの影響下で、僕は勝手に「漢」を磨いています。

会ったことのある年下の人なら……講師ではもちろん関正生。それから岡本梨奈、肘井学。ああ、かなわないな、と思うことがたくさんあります。物書きなら、西岡壱誠・渡辺祐真〔スケザネ〕。他業界なら、競技かるたの粂原圭太郎、理容師の霜鳥大志、囃子方の安倍真結《まゆ》、篠笛奏者の藤原雪、教育社会学者の濱中淳子、女子プロレスの里村明衣子。色んな人が本書で実名で出てきます。正直、僕より実績もある、すごい人たちです。

他にもたくさん。もう書ききれませんし、名前を出せない人もいます。これが僕の大切な人です。安易な友達なんかいらない。これで十分、十二分です。

最後に。

「千里眼」たる僕が大切に思う人たちは皆、どこか寂しそうです。弧を克服しないまま、声高に個を叫ばない人。そういう気概のある人が、僕は大好きです。

追伸の追伸：師の永田達三先生は、通年授業の最後に、ビリー＝ジョエル作詞・作曲・歌唱の『Honesty』を解説し、曲を流すことで有名でした。歌詞があなたの相談に適していると思い、ここに記します。

If you search for tenderness
It isn't hard to find
You can have the love you need to live

優しさを求めるのなら
難しくないよ
生きるために必要な愛なら手に入れられるさ

But if you look for truthfulness

You might just as well be blind
It always seems to be so hard to give

でも真実の優しさ（＝誠実）を求めるのなら
見えていないのと同じで
いつでも見つけるのはとても難しく思えるんだ

Honesty is such a lonely word
Everyone is so untrue
Honesty is hardly ever heard
And mostly what I need from you

誠実ってなんて寂しい言葉だろう
誰もそんな風に生きていないんだ
そんな言葉すらほとんど耳にしないよ

僕がいつも求めていることなのに

I can always find someone
To say they sympathize
If I wear my heart out on my sleeve

同情してくれる人ならいつでも見つけられる
僕が心の内を素直に打ち明ければね

But I don't want some pretty face
To tell me pretty lies
All I want is someone to believe

でも可愛らしい顔をして
可愛いらしい嘘をつく人はお断りだ

僕が欲しいのは信じられる人なんだ

Honesty is such a lonely word
Everyone is so untrue
Honesty is hardly ever heard
And mostly what I need from you

誠実ってなんて寂しい言葉だろう
誰もそんな風に生きていないんだ
そんな言葉すらほとんど耳にしないよ
僕がいつも求めていることなのに

I can find a lover
I can find a friend
I can have security until the bitter end

Anyone can comfort me
With promises again
I know, I know

恋人は見つけられる！
友達も見つけられる！
保障も手に入るし　一生の安全も得られる！
慰めてくれる誰かがいて何度も約束してくれる
分かってる　分かってるよ……

When I'm deep inside of me
Don't be too concerned
I won't ask for nothin' while I'm gone

僕が物思いにふけっていても

あまり気にしないで　構わないでくれ
そんなときは　何も要らないんだ

But when I want sincerity
Tell me where else can I turn
Cause you're the one I depend upon

でもね　僕が誠実さを求めているときは
他にどこを向けばいいか教えてくれよ
だって　君こそが僕が求めるその人なんだから

Honesty is such a lonely word
Everyone is so untrue
Honesty is hardly ever heard
And mostly what I need from you

誠実ってなんて寂しい言葉だろう
誰もそんな風に生きていないんだ
そんな言葉すらほとんど耳にしないよ
でも僕はいつだって　君に本当の優しさを求めているんだ

袴田さん、「誠実であり続けることの困難さ」をともに、いや、それぞれ追求していきましょう。

＊編集担当より：実際には弟がいますが、一人っ子だと勘違いされることが非常に多い人生です。家のなかでも、人は独り。

あとがき

編集担当・袴田実穂さんに無理を言って書いてもらった「まえがき」を読まずに、これを書いています。でも、まあ大丈夫でしょう。絶対的に信頼していますから。彼女の才能とセンスを。

　自分ごとでアレですが、10月16日にXにポストした「娘がぬいぐるみの健康管理をしている」がバズりました（以下の写

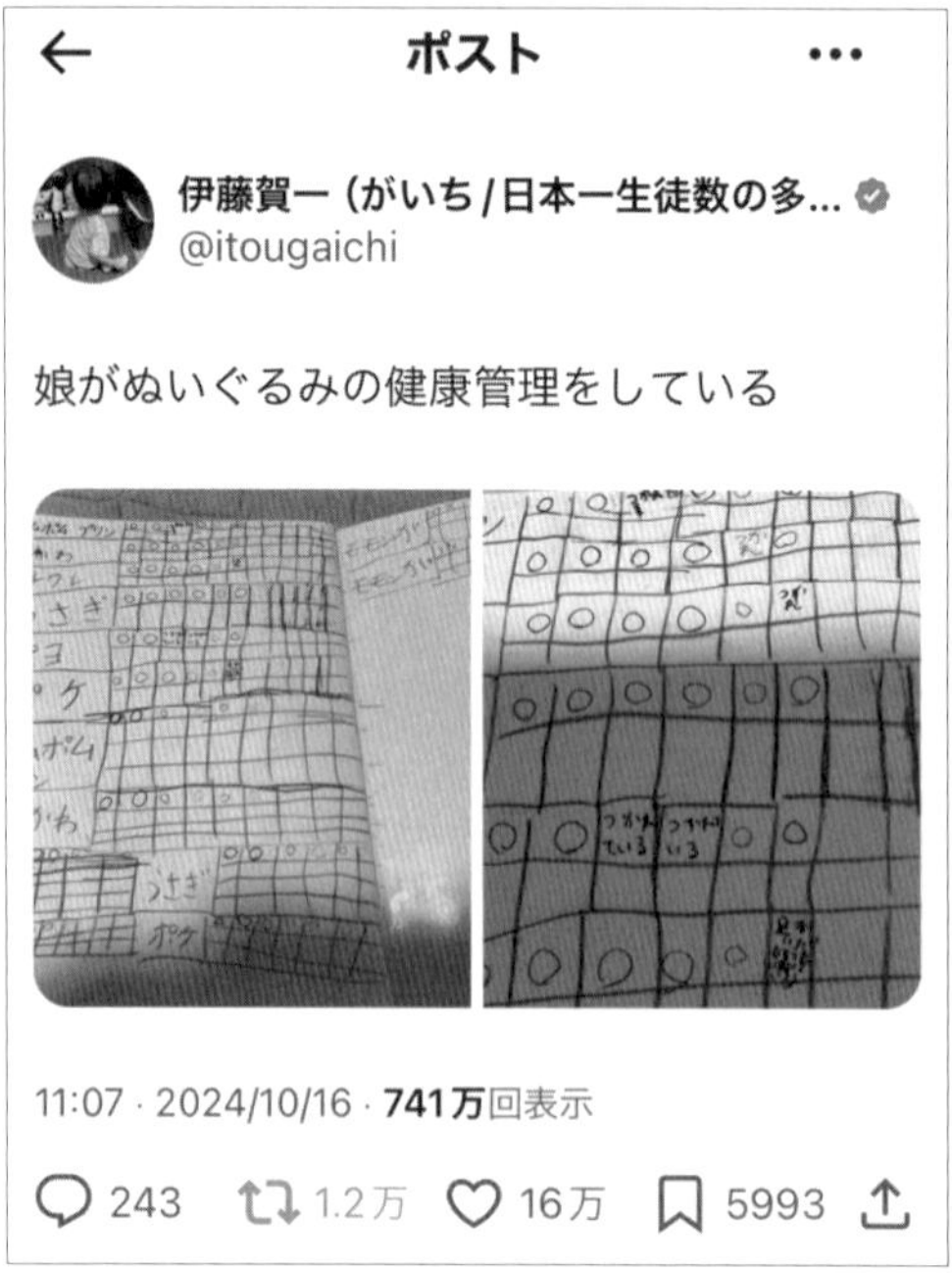

真）。いいねが16万件、引用含むリポストが1万2千件、計741万ビューで、直接リプライしてきた人が243名。そのほとんどに返信しました。

疲れているんですよ、令和の人たち……。

ことほど左様に、色んな人が、大なり小なり色んな事情や現実を抱えています。そしてそれをズルズル引きずりながら、日々の暮らしを生きていく。それが人生です。古今東西、それは変わりません。

本書では、本音の相談を、本音で返しました。「本当のことを言うと人は怒る」という絶対的真理は分かりきっていて、しかし仕事なので向こう傷を厭わず（いや、背中からも切りつけられるかも……）、答えたつもりです。

色んなご意見があることも承知しています。主観で突っ走りすぎたところも大いにあるかもしれません。ただ、これはXのポストでも同じですが、「とにかく俺の考える俺のことだ」と割り切っています。だから文責は僕にあります。編集者さんや出版社さんには迷惑をかけたくないですから。

そもそも、僕のスタディサプリの映像講義を、仮面浪人先の大学の片隅で何度も何度も見てくれた大切な生徒さんの、編集者としての初仕事をともにできたこと、これは講師として望外の喜びなんです。

僕はいつも、全体の授業の最後に「いつか、何かのプロどうしとして一緒に仕事しよう」と言っています。読者の皆さんのなかにも元生徒さんは多いと思いますので、いつか。

まず、貴社における初著書の物書きと新人編集者のコンビに、適切な距離で見守りつつ、任せてくださった笠井編集長に最大限の敬意を。

次に、袴田さんと出会う直接のきっかけをくれた女優・向井花さんに感謝を。ありがとう。親友なんて要らない（とミホは言ってるで）「見られる側」の2人を、元先生として頼もしく見ています（笑）

そして何より。編集長・著者・編集者・紹介者の4人すべてをつなぐ要石《かなめいし》（キーストーン）となっている早稲田大学（概念）に御礼を。祝日の月曜だった2024年10月14日、文化推進部文化企画課の佐藤清彦さんからのご依頼で、大隈講堂で63人の歴代OBOGの人生を紹介する講演『アイム早稲田』を単独で2時間やらせていただきました。

この本には、さまざまな経歴の人の相談が載っています。

僕の父と母は、行こうと思えば行けたはずなのに、家庭の事情などもあり高卒の学歴です。母は夜間・4年間の定時制高校でした。もちろん本人たちはそれを恥ずかしいなどと思っていません。それでも18歳の僕は、学力・運動力・芸術力の総合＝人材輩出力では東大と並ぶ「日本一の大学」だと確信していた早稲田大学の大隈講堂を両親に見せてやる、と自分自身に約束し、意気軒高に京都から上京して教育学部を受験（当時、文学部には社会科で受験できる入試がありませんでした）。ところが力及ばず落ちてしまい、法政大学に拾ってもらいました。

それがずっと気になっていた僕は、25年後、43歳のときに再受験して合格しました。教育学部の入学式の日、学生は大隈講堂に入ることができましたが、式に出席するため上京した（すでに老人となっていた）両親は、キャンパス内の別の建物内から中継映像を観るだけで、講堂のなかには入れませんでした。

じつは先日の講演には、弟に連れられて母が来ていました。父は春に亡くなったばかりでしたが、僕がその日着ていたスーツは、亡くなったという連絡を受けた日に田窪寿保さんのお店「ヴァルカナイズ・ロンドン」でオーダーした、父が生きた82年と数ヵ月の年月日と、父のフルネームを内ポケットの上に刺繍したものでした。母の観ていた舞台には、僕と父がたしかに立っていたのです。52歳の僕は、ようやく自分自身に対する約束を果たせました。そしてそのスーツは、まだ6歳の息子に将来引き継がれます。

本当にありがとうございました。一度は他の大学に行った人間を、34年後に大隈講堂の舞台に立たせる早稲田大学の懐の深さは、間違いなく日本一だと思います。

18歳のとき落ちて他の大学に行き、仮面浪人した編集担当・袴田さんも、落ちて素直に浪人した友人（とハナは思ってるで）の向井さんも、講演を聴いてくれていました。そしてこの話の掲載まで許してくれる編集長・笠井さん。この本、もともと192ページの予定でしたよね……？　パワフルな早稲田OBOGは、こうして続いていくのです。

最後に、読者の皆さんへ。貴重な時間とお金を使い、お読みいただき本当にありがとうございました。我々のようなどこか寂しい、けれど明るいコンビを今後ともよろしくお願いいたします。

2024年11月5日　伊藤賀一

追伸：〆切の守れない太宰治がカンヅメで『人間失格』を仕上げた場所の見える仕事場にて、このあとがきを書いています。「歴史は繰り返す」……（涙）

本作の刊行にあたって、多くの方々にご協力いただきましたことを心より御礼申し上げます。
霜鳥大志さん、粂原圭太郎さん、向井花さん、岡本梨奈先生、里村明衣子選手、濱中淳子先生
早稲田大学教育学部　小林敦子先生、同学部生の皆さま
質問募集のポスター掲示にご協力いただいた高校の先生方・生徒の皆さま
弊社ＳＮＳ・ホームページより本企画へご参加くださった皆さま
なお紙面の都合上、お寄せいただいたご質問のすべてを掲載することができず、申し訳ございません。
皆さまの過ごす日々がこれからも穏やかでありますように。

株式会社青月社　企画編集部

●著者プロフィール

伊藤賀一（いとう・がいち）

1972年京都市生まれ。新選組で知られる壬生に育つ。法政大学文学部史学科卒業後、東進ハイスクールや秀英予備校を経て、リクルート運営のオンライン予備校「スタディサプリ」で高校日本史・歴史総合・倫理・政治経済・現代社会・公共、中学地理・歴史・公民の９科目を担当する“日本一生徒数の多い社会科講師”。

30歳から３年半、いったん教壇を降りて全国で各産業の住み込み労働を行い、四国遍路も結願。43歳で一般受験し、早稲田大学教育学部生涯教育学専修に再入学して49歳で卒業するなど、実体験と学びを続けている。

20数種の就業経験を活かし、厚生労働省委託「労働条件セミナー」で全国各地を講演。辰巳法律研究所で司法試験予備試験講師、他にもシニア施設講師やカルチャースクール講師、プロレスリングアナウンサーを務め、TV・ラジオにも出演するなど、複業家として活動中。

著書『アイム総理』（KADOKAWA）、『47都道府県の歴史と地理がわかる事典』（幻冬舎新書）、『歴史と地理がいっきにわかる 東京23区大全』（SB新書）、『面白すぎて誰かに話したくなる　蔦屋重三郎』（リベラル新書）、『きめる! 共通テスト 公共＋倫理』（Gakken）、『くわしい 中学公民』（文英堂）、『いっきに学び直す　教養としての西洋哲学・思想』（朝日新聞出版・佐藤優氏との共著）など多数。

明けない夜があっても 日本一生徒数の多い社会科講師のお悩み相談

発行日	2025年1月5日　第1刷
定　価	本体1500円＋税
著　者	伊藤賀一
発　行	株式会社 青月社 〒101-0032 東京都千代田区岩本町3-2-1 共同ビル8F TEL 03-6679-3496　FAX 03-5833-8664
印刷・製本	ベクトル印刷株式会社

ISBN 978-4-8109-1359-0